작가, 화가, 디자이너... 그들이 거닐던 그곳,
# 예술가의 정원 이야기

Schau ganz tief in die Natur,
und dann verstehst du alles besser.

Look deep into nature,
and then you will understand everything better.

자연을 깊이 있게 들여다보라,
그러면 모든 것을 더 잘 이해하게 될 것이다.

- Albert Einstein -

# 차 례

책을 내며 · · · · · · · · · 6

1 **샤갈**
Marc Chagall

샤갈이 살았던
정원 같은 마을    8

2 **르누아르**
Auguste Renoir

지중해가 보이는
올리브 색감의 정원    16

3 **세잔**
Paul Cezanne

엉겅퀴 꽃이 피어 있는
작은 숲    24

4 **고흐**
Vincent van Gogh

아를과 생레미는
고흐의 정원이었다    38

5 **모네**
Claude Monet

22m 대작 '수련'이 탄생한
그 정원    48

6 **디오르**
Christian Dior

민트 빛 바다, 그리고
빨강 하양 장미 물결    56

7 **헤세**
Hermann Hesse

정원 가꾸기는
일상 속의 철학    64

8 **셰익스피어**
William Shakespeare

소박한 듯 화려한 셰익스피어의
처가 정원    78

9 **모리스**
William Morris

정원에서 모리스의
문양을 찾다    92

| 10 | 쇼
Bernard Shaw

재치와 해학이 담긴
집필실 '런던'　102

| 11 | 샤토
Beth Chatto

메마른 자갈밭에 담아낸
그림 같은 정원　110

| 12 | 처칠
Winston Churchill

정치인, 문인, 화가..
처칠의 8할을 만든 곳　122

| 13 | 저먼
Derek Jarman

서서히 다가오는 죽음을
위로해준 정원　132

| 14 | 울프
Virginia Woolf

정원 속에 있는
'글 쓰는 오두막'　140

| 15 | 다빈치
Leonardo da Vinci

클로 뤼세 성에 있는
다빈치의 텃밭　148

| 16 | 포터
Beatrix Potter

피터 래빗 이야기가
담긴 정원　164

| 17 | 워즈워스
William Wordsworth

헬렌이 지키고 있는
수선화 언덕　174

프로방스 · · · · · · · · · 32
책마을 · · · · · · · · · 74
코츠월즈 · · · · · · · · · 118
레이크 디스트릭트 · · · · · 158
끝내며 · · · · · · · · · 186

**책을 내며....**

　　나는 이미 출간한 〈 유럽의 주택 정원 1, 2, 3 〉을 쓰면서 많은 유럽의 아름다운 정원을 돌아보게 되었다. 개인 주택의 정원을 개방하는 곳도 있지만 예술가들의 주택을 기념관이나 미술관으로 만들어 정원을 함께 볼 수 있었다. 그중에는 내가 아는 사람들이 있다. 개인적으로 아는 사람은 아니지만 학창 시절부터 익히 그들의 이름과 친숙하여 괜히 반갑다. 모네, 셰익스피어, 헤세 등이다.

　　이들은 자연을 담고 있는 정원에서 시간의 흐름과 계절의 변화를 생생하게 느꼈을 것이다. 그들에게 정원은 정신적인 휴식뿐만 아니라 매번 새로운 기운이나 감성을 전하고 있어 작품에 대한 영감을 주었으리라 생각한다.

　　그들의 집에 들어서면 대부분 안내인이나 안내 책자가 있어 다시 한번 그들의 업적과 생애를 확인한다. 대부분 내가 알고 있는 서너 문장의 지식에 많은 것을 보탤 수 있다. 우선 작업실, 거실 등 실내를 대충 훑어본다. 하지만 나는 창밖으로 보이는 정원의 모습이나 담 넘어 펼쳐지는 풍광에 관심이 더 간다.

　　그리고 정원으로 나온다. 정원은 되도록 천천히 거닐면서 자세히 들여다보게 된다. 어쩌다 내 정원에 있는 식물을 만나게 되면 한결 발걸음이 가볍고 여유로워진다. 그들이 좋아한 식물을 나도 좋아하고 있다는 동질감으로 뿌듯해진다. 그리고 이리저리 정원을 둘러보다 내 멋대로 그들의 생각이나 그들의 작품과 연관되는 부분을 발견하는 즐거움이 있다.

　　나는 미술사나 문학사를 전공한 사람이 아니다. 사진을 전문적으로 촬영하는 사진작가는 더욱 아니다. 그래서 이 책은 각 예술가의 작품 세계와 생애에 대한 이야기는 아니다. 단지 정원을 디자인하는 사람이 그들에 대한 짤막한 지식과 그들의 정원을 어설프게 사진 찍어 소개하는 것이다.

하지만 나는 이 책을 쓰면서 너무 재미있었다. 처음에는 정원을 방문하다가 그들을 만났는데, 책을 쓰다 보니 사진이 부족하여 다시 그들의 정원을 찾아가게 되었다. 두 번째 방문은 같은 상황 이지만 설렘이 달랐다. 원고를 쓰며 이런저런 자료를 챙기다 보니, 이번에는 이미 친하게 지내던 사람의 집을 방문하는 기분이었다. 물론 내가 아는 정원 주인은 더 이상 이곳에 없지만, 정원에는 그들이 가꾸고 보살폈던 꽃과 나무들이 생생하게 자라고 있었다. 그리고 그들도 나같이 아직도 주인을 기억하고 있을 것만 같았다.

특히 지중해 연안의 프로방스 지역이나 영국의 코츠월즈 지역은 많은 예술가들이 태어나거나, 살거나, 잠시 머물다 간 곳이다. 그곳에 그들의 아름다운 정원과 거기에 담긴 예술가의 흔적이 남아 있다. 그리고 시간을 거슬러 내가 그 정원에서 그들과 함께 거닐고 있는 것 같은 느낌은 나에게 묘한 즐거움으로 다가온다. 혹시 기회가 되어 유럽 여행을 하는 사람들에게 이런 즐거움을 함께 나눌 수 있기를 바라며 이 글을 쓴다.

그리고 5년 후, 개정판을 내게 되었다. 초판의 여행 정보는 요즘 같은 정보화 시대에 맞지 않는 것 같다. 더구나 초판에 처칠의 화실, 고흐가 생을 마감한 마을 그리고 헤세가 살았던 호숫가에 대한 아쉬움이 있었는데, 첨부할 수 있어서 다행이다. 또한 영국 레이크 디스트릭트에 윌리엄 워즈워스와 베아트릭스 포터 그리고 프랑스에 레오나르도 다빈치의 정원을 방문하여 추가하였다. 덕분에 이들과도 정원 산책을 함께 할 수 있었다.

2024. 08.

문 현 주

# 1. 샤갈

## *Marc Chagall*

### 샤갈이 살았던 정원 같은 마을

이 마을에 들어서면 마을 전체가 아기자기하게 꾸며진 정원을 산책하는 느낌이다. 마을은 나지막한 산의 정상에 위치하며 성곽으로 둘러 쌓여있다. 집들은 돌로 지었고 골목길도 돌로 포장되었다. 거의 정원을 꾸밀 수 있는 자연환경이 못 된다. 하지만 내가 이곳을 정원으로 느낄 수 있는 이유는 샤갈의 그림에 나오는 작은 집과 꽃들이 마을 구석구석에서 중첩되기 때문이다. 마을 이름은 생폴드방스(Saint-Paul-de-Vence)이다.

마르크 샤갈(Marc Chagall, 1887~1985)은 러시아(지금의 벨라루스)의 작은 유대인 마을에서 태어난 프랑스의 화가이다. 그는 소상인의 아들로 태어나 가난했지만, 미술을 공부하며 비교적 행복한 유년기를 보냈다. 그는 1907년 상트페테르부르크로 가서 본격적인 미술 수업을 받기 시작하였다. 그리고 1910년 샤갈은 파리로 가서 모딜리아니(Amedeo Modigliani), 레제(Fernand Léger) 등과 같은 젊은 미술가들과 교류하면서 야수파와 입체파 등 새로운 양식을 접하게 된다. 1917년 러시아 혁명이 일어나고, 샤갈은 고향으로 돌아와 지역의 미술인민위원과 미술학교의 교장을 지내지만 사회주의에 대한 이념의 차이로 1922년 가족과 함께 러시아를 영구히 떠나게 되었다. 1939년 제2차 세계대전이 발발하자 유대인인 샤갈과 그의 가족은 미국으로 도피했었고 1948년 완전히 프랑스로 돌아와 정착하였다.

샤갈은 피카소와 함께 20세기 최고의 화가로 꼽힌다. 나는 중학교 때쯤 샤갈의 그림을 미술책에서 우표보다 조금 큰 크기의 그림으로 처음 보았다. 나는 그림을 보고 '아~~, 화가들은 꿈을 이렇게 그리나 보다.'라고 생각했었다. 그리고 한참 뒤에 나는 그의 그림을 직접 볼 수 있는 기회가 생겼다. 두둥실 날아다니는 초록색 염소, 하얀 비둘기, 꽃다발 등을 보면서 나도 마치 꿈속을 날아다니는 기분이 들었다. 하지만 샤갈이 쓴 그의 자서전을 읽고 나니 그의 그림에는 고향과 민족에 대한 애틋함과 아름다운 추억들이 담겨 있는 것을 알게 되었다. 아마 샤갈은 그의 그림에 꿈이 아닌 그리움을 그리고 있었던 것 같다.

생폴드방스 마을은 프랑스 남동부 지중해 연안에 있는 휴양도시 니스에서 20km 정도 떨어져 있다. 니스에서 마을로 오는 버스가 있어 30분 남짓이면 도착한다. 이곳에서 마르크 샤갈이 97세로 사망할 때까지 마지막 20년을 살았다. 그리고 마을 공동묘지에 샤갈이 잠들어 있다.

마을은 성벽 사이에 있는 아치를 통과하여 들어간다. 안으로 들어서니 중세 시대의 분위기가 물씬 풍긴다. 이 성벽은 프랑수아 1세(François I)가 1537년부터 1547년까지 건축한 방어용 성벽으로 오늘날까지 당시의 모습에 가깝게 보존되어 있다. 그리고 마을 한가운데에는 교회가 우뚝 서 있어 중세 마을의 전형적인 모습이다. 오랜 세월로 마모되어 반들거리는 돌 포장을 따라 골목길을 들어서면 소박하고 동화적인 갤러리와 아틀리에들이 있다. 쇼윈도에 전시된 그림들이 정원에 핀 꽃들처럼 예쁘다.

마을의 주택은 창문과 현관문이 골목으로 향하여 있고 좁은 골목은 거미줄처럼 연결되어 있다. 창틀에는 화분이 놓여 있고 현관 주위는 식물들로 풍성하게 꾸며 놓았다. 어느 현관문에 아이비 덩굴이 가득 덮여 있다. 땅에서부터 올라가는 줄기는 보이지 않는다. 가까이 보니 현관에 매달아 놓은 작은 화분에서 자라는 아이비이다. 어느 집은 벽과 포장 사이에 좁은 화단에서 나온 포도 덩굴이 현관의 캐노피 역할을 하고 있다. 비를 피하기는 어렵지만 햇볕 가리기에는 충분하다. 이 마을에 넉넉한 화단은 없지만 골목에 놓인 화분들이 어우러져 골목 전체가 마치 정원 같은 분위기이다. 이 골목 저 골목을 걷다 보니 마치 정원 산책을 하고 있는 느낌이다.

그리고 성곽 밖의 동쪽 경사진 곳에 마을 공동묘지가 있고 그곳에 샤갈의 묘가 있다. 입구에 들어서니 길게 타원형으로 길이 나 있고 양쪽에 묘가 있다. 샤갈의 묘를 찾기 위해 비석에 새겨진 이름을 하나하나 확인하면서 한 바퀴를 거의 돌았을 때 그의 묘를 발견하였다.

샤갈이라고 특별대우를 해주지는 않았다. 하지만 누군가가 작은 꽃다발을 그의 묘에 올려놓았다. 나도 다음에 다시 오게 되면 그에게 헌화하고 싶다.

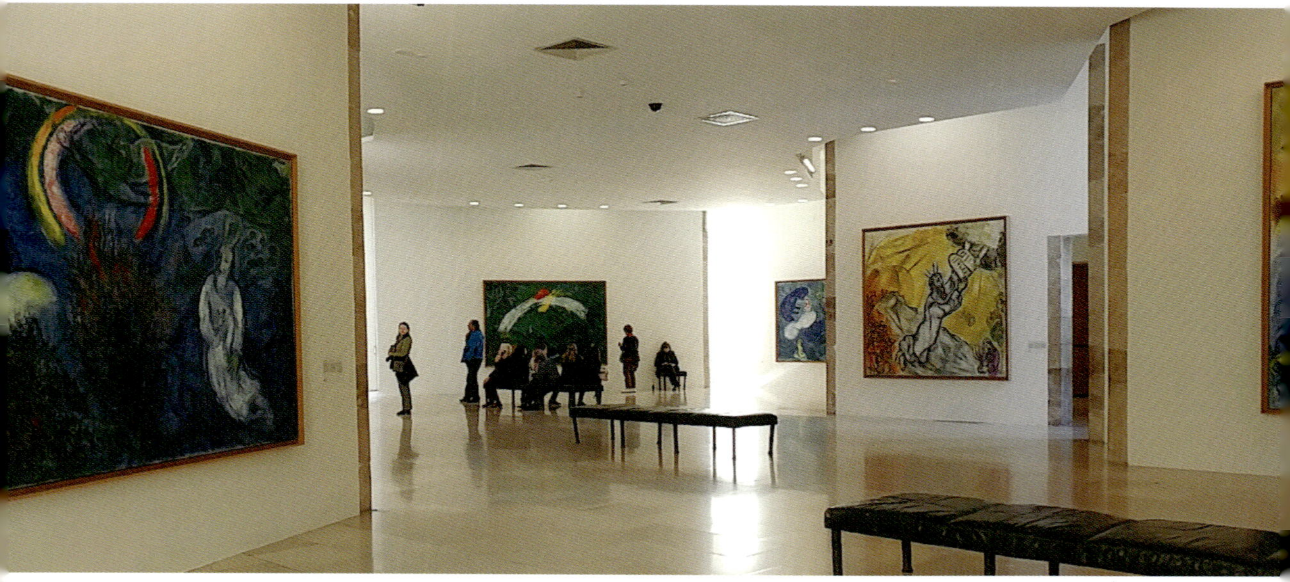

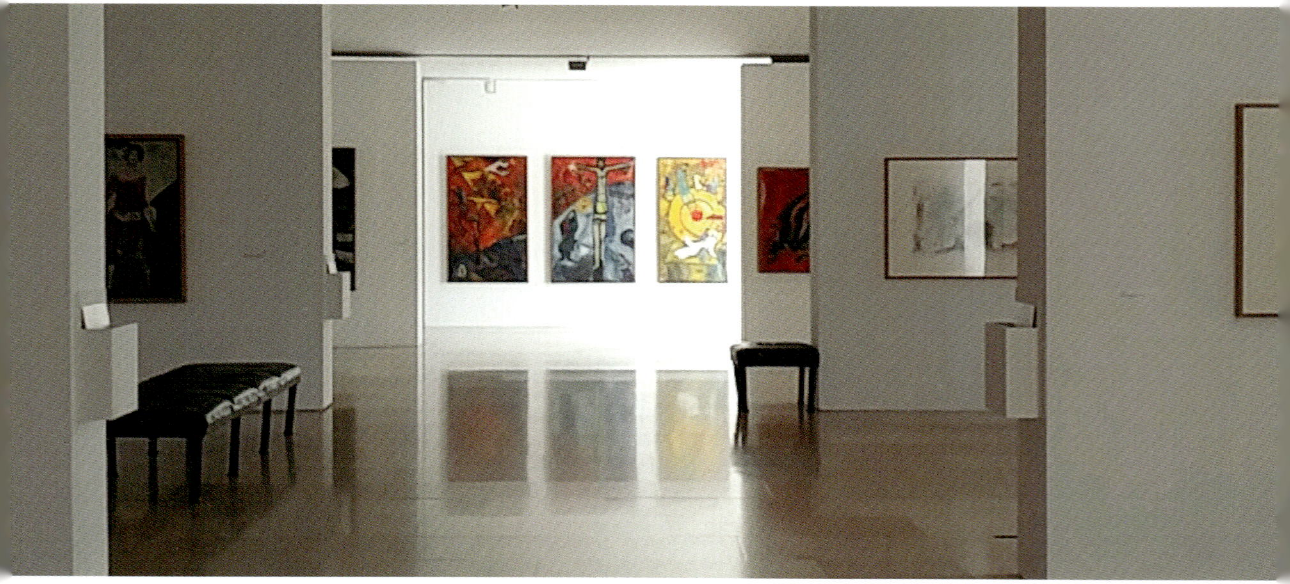

그런데 샤갈의 마을이라 불리는 생폴드방스에는 샤갈의 집도 없고 그의 진품 그림도 없다. 그의 그림을 보려면 이곳에서 멀지 않은 니스에 국립 샤갈 미술관(Musee National Marc Chagall)으로 가면 된다. 이 미술관은 1969년 당시 프랑스 문화부 장관이었던 앙드레 말로(Andre Malraux)가 설립을 주도하여 1973년 문을 열었다. 샤갈의 성서화 보존을 위해 설립되어 처음에는 '샤갈의 성서화 미술관'으로 불렸다고 한다. 약 400여 점의 작품이 전시되어 있으며 중앙 홀에 전시되어 있는 '인간의 창조', '노아의 방주' 등 구약성서에 관한 유화 연작 17점이 특히 유명하다. 그리고 작은방에 삽화를 그려 넣은 그의 시집이 전시되어 있다. 그중에 '정원(Jardin)'이라는 시가 있다. 프랑스어로 쓰여 있어 이해할 수는 없었지만 삽화를 보며 그가 그리워한 정원을 상상해 본다.

이 미술관은 여러 화가의 그림을 함께 전시하는 대형 미술관과는 달리, 오롯이 그의 작품 세계에만 빠져들 수 있어서 좋았다. 나오면서 미술관을 다시 보니 건물이 심플하게 디자인되었다. 단아한 건물은 샤갈의 그림에서 받은 느낌을 흐트러지지 않게 한다. 그 앞의 정원 또한 오래된 올리브 나무 몇 그루와 잔디밭 그리고 아직 꽃이 피지 않은 라벤더가 차분한 분위기를 만들고 있다. 화려하지 않은 정원 또한 그의 작품에 대한 감동을 고스란히 간직할 수 있게 한다.

**Musee National Marc Chagall**
Address : 36 avenue Docteur Ménard, 06000 Nice, France
H-Page : www.musee-chagall.fr

## 2. 르누아르

# *Auguste Renoir*

### 지중해가 보이는 올리브 색감의 정원

르누아르가 살던 집과 정원은 지금 그의 미술관(Musée Renoir)이 되었다. 이곳은 지중해에 접한 카뉴쉬르메르(Cagnes-sur-Mer) 지방의 한적한 시골 마을 콜레트 거리에 있다. 예전에는 르누아르 하우스 또는 레 콜레트(Les Collettes)라고 부르기도 하였다. 니스의 공항에서 북서쪽으로 6km 정도 떨어진 곳이며 니스 시내에서 버스로 15분 내지 20분 정도 걸린다. 여기서 북쪽으로 5km 정도 떨어진 곳에는 샤갈의 마을, 생폴드방스가 있다.

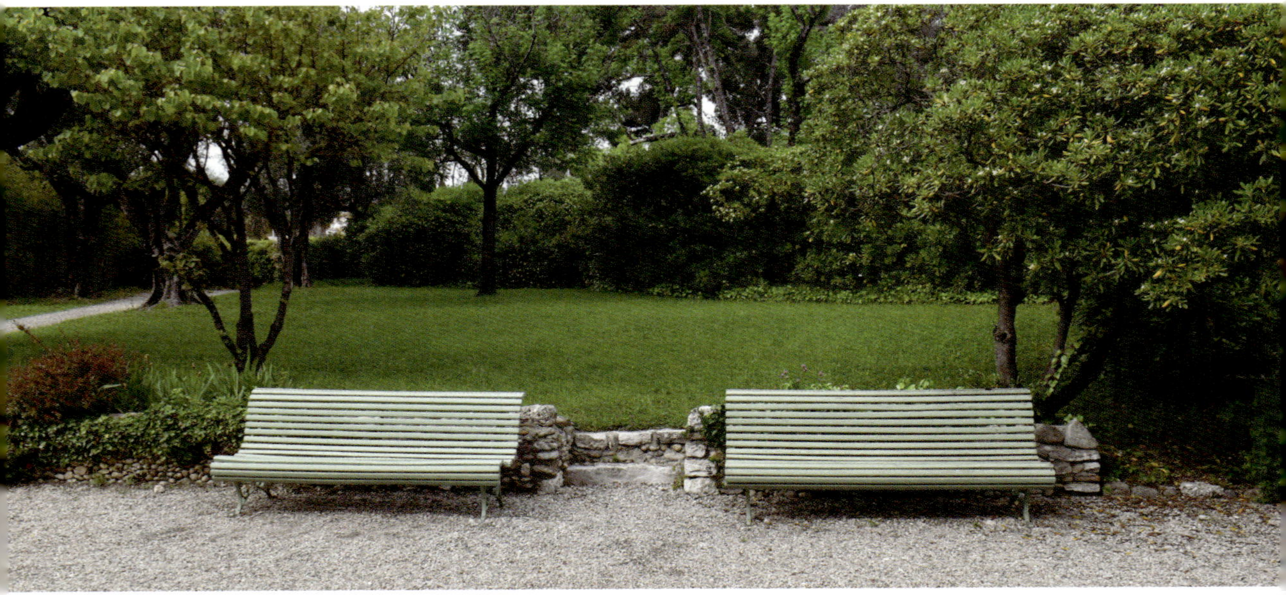

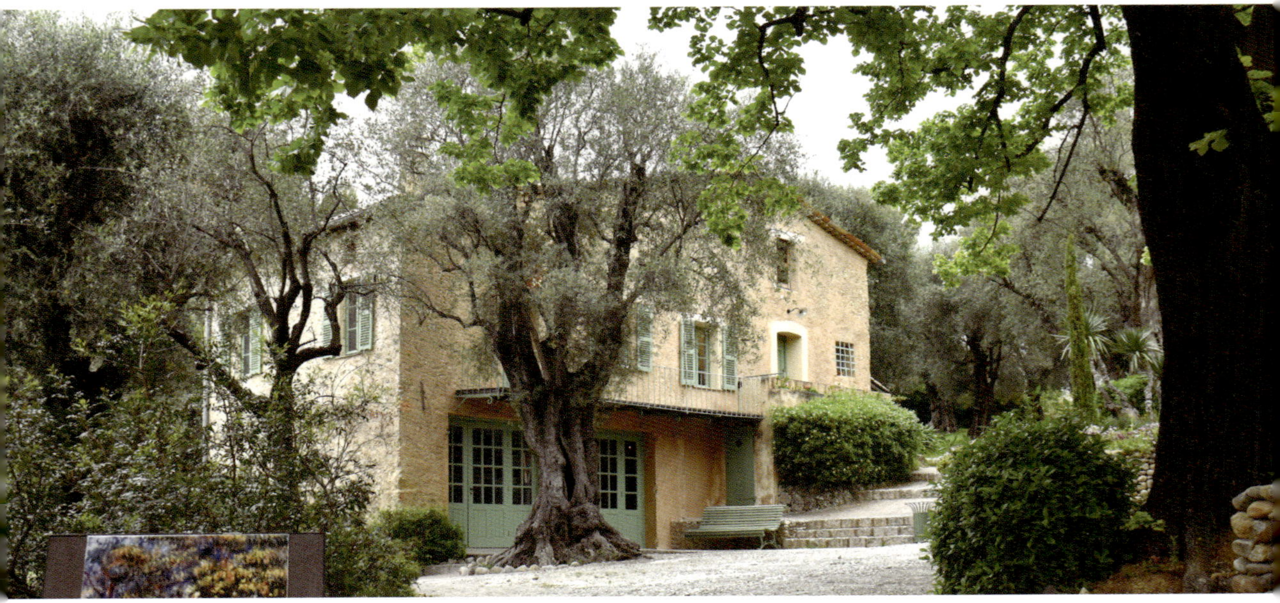

피에르 오귀스트 르누아르(Pierre Auguste Renoir, 1841~1919)는 프랑스의 대표적인 인상주의 화가이다. 그는 프랑스 중부의 리모주(Limoges)에서 가난한 재봉사의 아들로 태어났다. 4세에 파리로 이사하고 13세부터 도자기 공장에서 일하게 된다. 도자기에 무늬를 그려 넣는 일은 그에게 색감을 익히는 좋은 기회가 된다. 그리고 틈틈이 루브르 박물관에 들려 명화를 감상하면서 화가가 되려는 꿈을 키웠다고 한다. 그는 20세가 되면서 화실에 다니기 시작하였고 1862년 르누아르는 국립 미술교육기관인 에콜 드 보자르에 합격한다. 그곳에서 모네와 시슬레 등 인상파 화가들과 친교를 맺기 시작하였다.

그의 그림은 따뜻하고 가벼운 터치로 밝고 부드럽다. 내가 그의 그림을 처음 만난 것은 아마 어릴 적 달력에서 보았을 것이다. 60, 70년대 대부분의 가정에는 커다란 달력이 거실이나 안방에 걸려 있었다. 달력에는 대부분 알프스의 풍경 사진이나 유명 화가들의 그림이 인쇄되어 있었다. 특히 그림에 관심이 있는 사람들은 자신이 좋아하는 화가의 달력을 구하려고 애쓰기도 하였다. 그중, 르누아르의 달력은 인기가 많았다. 그의 그림은 밝고 따스한 색감으로 여성과 아이들이 부드럽게 그려져 있었다.

르누아르의 그림은 사랑과 즐거움, 아름다움을 전하고 있어 그의 일생은 편안하고 행복했을 것 같다. 하지만 그는 50대 초반부터 류머티스 관절염을 앓기 시작한다. 그는 관절염의 고통을 조금이라도 덜기 위해 1907년 아내와 세 아이들을 데리고 따뜻한 기후를 찾아 프랑스 남부로 이사한다. 그곳은 올리브나무가 있는 농원이었다. 그는 아내 알린이 나무들을 베지 말자고 하여 밭 가운데 집을 짓는다. 그래서 주택은 올리브 밭에 둘러싸여 있다. 그리고 알린은 오렌지나무, 장미 등을 심어 정원을 꾸민다. 르누아르는 이곳에서 마지막 12년을 지냈다.

입구에 들어서니 미술관은 보이지 않고 언덕 위로 숲이 보인다. 올리브 밭이 었던 농원이 이제는 숲이 되었나 보다. 그리고 나지막하게 언덕에 묻혀있는 새 건물이 있다. 건물은 옆으로 길고 모던하다. 주변과 어울리는 목재 외장재로 차분한 분위기이다. 그곳에서 입장권도 팔고 기념품도 판매하고 있다. 과수원과 미술관은 그 건물을 통과하여 들어간다. 천천히 언덕을 오르려니 향긋한 꽃 내음이 주변을 감돈다. 그다지 크지 않은 수수꽃다리가 한 그루 보인다. 저 나무의 향기가 이토록 진한가 생각하며 언덕을 오른다.

오르는 길에 인쇄된 사진으로 르누아르의 그림이 이젤에 올려 전시되어 있다. 바로 그 앞의 풍경이 르누아르가 그 그림을 그린 장소이다. 그런데 옆에서 하얀 중절모를 쓴 신사분이 이젤을 펴놓고 캔버스에 올리브 밭을 그리고 있다. 르누아르와 같은 구도인데 똑 같이 모사를 하는 것은 아닌 것 같다. 그의 그림은 붓터치가 길고 강렬하다.

나는 우선 미술관인 저택으로 향했다. 반지하가 있는 이층 건물이다. 르누아르가 생활하던 그 당시의 모습을 그대로 재현해 놓았다. 그의 작업실 벽에는 그의 생전의 모습을 영상으로 비추어 작업 도구들과 더불어 생생한 분위기를 만들어 내고 있다. 이층으로 올라가 발코니로 나가니 저 멀리 푸른 지중해의 리비에라 해안이 한눈에 들어온다. 그리고 저 지중해의 바다 빛은 시시각각 다양한 농도의 푸른색으로 변할 것이다. 가까이에는 아랫마을의 차곡차곡 포개진 붉은 지붕이 내려다보인다. 아마 르누아르도 이 풍경을 무척 좋아했을 것 같다. 그리고 저택 바로 앞의 언덕에 오렌지 밭이 있다. 하얀 오렌지 꽃이 한창이다. 자세히 보니 그 꽃향기가 온 정원을 둘러쌓고 있는 것이었다. 나는 오렌지 나무의 꽃향기를 처음 맡은 지라 언덕 초입에서 나의 둔한 후각으로 수수꽃다리 꽃향기와 혼동하였던 것이다.

정원으로 나오니 오른쪽으로 나지막한 건물이 있다. 일하는 사람들의 거처이었던 것 같다. 그의 그림에서 본 적이 있는 건물이다. 그 넘어 오래된 올리브 나무가 서있는 농원이 펼쳐져 있다. 바람이 부니 밭을 가득 덮은 올리브 나무의 잎사귀가 은은하게 빛난다. 올리브 나무의 잎은 앞면과 뒷면이 확연히 다르다. 앞면은 광택이 나는 초록색이며 뒷면은 광택이 없는 은회색이다. 그리고 이 나무의 열매인 올리브는 마치 두 색을 합쳐 놓은 듯한 올리브색이다. 그런데 이제는 더 이상 올리브를 생산하기 위한 농원은 아닌 듯하다. 과실수는 수확하기 편하게 나무의 키와 부피를 조절한다고 하는데, 좀처럼 수확하기 어려운 높이이다. 아마 이제는 르누아르의 그림 〈콜레트의 농가〉에 나오는 그 올리브 나무를 기억하기 위한 나무이리라.

갑자기 소나기가 내린다. 나는 니스 주변을 여러 번 여행했는데 소나기를 만난 것은 처음인 것 같다. 잠시 뒤, 비는 그치고 햇살이 영롱하게 내려앉는다. 역시 지중해의 햇살이다. 그리고 반짝이는 햇살은 르누아르가 그린 여인들의 연한 분홍색이 감도는 투명한 피부를 떠오르게 한다. 정원에 있는 민트색 페인트를 칠한 긴 등의자도 햇살에 반짝인다. 그 옆에 잔잔한 백묘국이 풍성하게 자리하고 있다. 백묘국의 잎은 표면에 하얀 솜털이 덮여 있어 은빛을 띠는 초록색이다. 등의자의 민트색과 어우러져 르누아르의 그 부드러운 색감을 만들어 내고 있다. 아마 날씨는 나에게 이것을 보여 주고 싶었나 보다.

## Musée Renoir

Address : 19 Chemin des Collettes, 06800 Cagnes-sur-Mer, France
H-Page : www.cagnes-tourisme.com

## 3. 세잔

# *Paul Cezanne*

### 엉겅퀴 꽃이 피어 있는 작은 숲

    세잔은 프랑스를 대표하는 화가이며 근대 미술의 아버지로 불린다. 그는 프로방스 지방에 있는 도시, 엑상프로방스(Aix-en-Provence)에서 나고 자랐다. 이곳은 지중해의 항구 도시인 마르세유가 남쪽으로 약 30km 떨어져 있고, 동쪽에 아를 그리고 북동쪽으로 90km 거리에 아비뇽이 있는 프로방스 지방의 중심도시이다. 시내에 오래된 플라타너스의 넓은 잎사귀가 지붕을 만들고 있는 미라보 거리가 있다. 그 동쪽 끝, 로통드 분수대 앞에 이젤을 메고 걷는 세잔의 동상이 오가는 사람들 사이에 함께 서 있다.

폴 세잔(Paul Cezanne, 1839~1906)은 은행가의 아들로 태어나 부유한 가정환경에서 자란다. 엑상프로방스 법과대학에 입학하였으나 중퇴하고 아버지의 뜻에 따라 은행에서 일한다. 하지만 화가가 될 것을 열망하여 22살에 파리로 떠난다. 그리고 그는 파리에서 당대의 인상파 화가인 피사로, 모네, 드가, 르누아르 등과 교류하며 지낸다. 그는 유명한 미술학교 에콜 드 보자르의 입학시험에 낙방하지만 독학으로 인상파의 흐름에 동참한다. 그리고 세잔은 점차 전형적인 인상파의 화풍을 탈피하고 독창적인 자신의 화풍을 만들어 낸다. 인상파 화가들이 자연을 하나의 색채 현상으로 보고, 빛에 따라 색채의 미묘한 변화를 포착하려 했다면, 세잔은 '자연은 표면보다 내부에 있다'라는 그의 말처럼 물체의 근본적인 성질을 화폭에 담으려 했다.

1859년 세잔의 아버지는 엑상프로방스 외곽에 있는 주택과 농원이 딸린 자 드 부팡(Jas de Bouffan)을 아들에게 장만해 주어 그의 가족들은 40년 동안 그곳에서 지낸다. 먼저 나는 자 드 부팡에 도착했으나 내부 수리 중이다. 2022년까지 공사를 한다는 안내문이 굳게 닫힌 대문에 걸려 있다. 나는 거기서 2~3km 떨어진 그의 아틀리에(Atelier De Cezanne)로 향했다.

이곳은 세잔이 혼자만의 공간에서 그림을 그리기 위하여 장만한 스튜디오이다. 그는 엑상프로방스 북쪽 언덕에 땅을 사서 집을 짓고 1903년 이사한다. 세잔의 아틀리에는 좁고 가파른 골목길에 있으며 지나치기 쉬울 정도로 입구는 조촐하다. 자주색 페인트를 칠한 목재 대문을 들어서니 사람들이 많다.

1층에서 티켓 및 기념품을 판매하고 있으며 2층의 아틀리에가 전시실이다. 자그마한 이층집이다. 2시 15분쯤 도착했는데 3시에 들어갈 수 있단다. 이곳은 30분에 1팀씩 2층 전시실로 올라가도록 관람 인원을 조절하고 있었다. 나는 어차피 정원을 먼저 보고 싶었으니 적당한 상황이 되었다.

정원은 내가 생각했던 것보다 넓었다. 그리고 하나도 꾸미지 않은 뒷동산의 작은 숲 같다. 숲이 만들어 내는 차분하고 아늑한 분위기이다. 숲에 길이 있고 길가에 군데군데 긴 의자가 있다. 의자는 잠시 쉬며 명상에 젖을 수 있는 자리에 있다. 세잔이 있을 때도 이 의자가 여기에 있었을까? 설령 있었다 해도 그가 앉았던 그때의 그 의자는 아니리라 짐작한다. 통나무를 잘라 의자의 다리로 이용하고, 그 위에 목재 널판을 올린 것이니 세월을 이기지 못했으리라.

작은 숲 사이로 경계없이 산책길이 있다. 길가에 피어 있는 키 큰 엉겅퀴가 정녕 뒷동산 분위기이다. 우리 집 언덕에 있던 그 엉겅퀴인 양 반갑다. 조금 더 걸으니 양지쪽에 선홍색 꽃이 예쁘게 피었다. 우리나라에서 흔하게 보는 노란색 꽃이 피는 괭이밥이다. 선홍색 꽃이 피어 자주괭이밥이다. 괭이밥의 잎은 클로버로 불리는 토끼풀잎과 많이 닮았다. 토끼풀은 토끼가 가장 좋아하는 풀이고 괭이밥은 고양이가 배앓이를 할 때 뜯어 먹는 풀이란다. 이름이 재미있다. 잡초라는 느낌이 난다. 잡초는 인간이 필요로 하지 않는 풀이다. 하지만 토끼나 고양이들은 결코 그렇게 부르지 않을 것 같다. 잠시 그들의 입장에서 생각해 본다.

세잔의 정원에선 일반적으로 잡초라고 불리는 엉겅퀴, 괭이밥 등이 빛을 발하고 있다. 이러한 잡초들을 흔히 야생화라 부른다. 사실 요즘 정원에 있는 아름다운 꽃들도 원래 모두 야생에 있었다. 정원사가 관리하기 쉬운 품종이나 좀 더 아름답고 화려하게 육종한 식물들을 정원으로 들여왔다. 그리고 정원사들의 사랑을 받지 못한 식물이 그냥 야생에 남아 있어 야생화이다. 대부분 꽃이 작고 관리하기 어려울 정도로 번식력이 강하다. 우리말로는 들꽃이라 부른다.

나는 정원을 둘러보고 기다리는 사람들 사이에 앉았다. 짙은 녹색의 그림자가 주변을 덮고 있다. 주택 앞에 있는 2층 높이를 넘어서는 커다란 보리수나무 덕분이다. 그리고 대문 쪽으로 올리브 나무가 큰 아치를 그리며 서 있다.

현관 옆으로 무화과나무의 시원스러운 잎새가 밝은 연두색으로 조금 어두운 공간을 환하게 만들고 있다. 벽에는 아이비가 창틀을 따라 길게 자란다. 그늘 아래 있는 아이비 잎은 초록색이 좀 더 진하다. 계속 이 초록, 저 초록이 눈에 들어온다. 내가 쓰고 있는 72색의 색연필에 초록 계열의 색연필이 13가지가 있다. light green. emerald green. apple green 등이다. 그늘 아래 잎은 juniper green 에서 가장 어두운 night green까지 있다. 햇빛을 받는 무화과 나뭇잎은 light green이다. 나는 기다리면서 다양한 초록색을 한꺼번에 즐기고 있다.

관람 시간이 되어 현관을 들어서니 곧장 2층으로 향하는 계단이다. 계단을 올라 문을 들어서니 전체가 하나의 넓은 화실이다. 캔버스, 이젤 그리고 벽에 걸린 외투가 오래된 모습이지만 100년 전의 화실을 그대로 간직한 듯하다. 미술 도구 옆에는 세잔의 정물화에 그려졌던 사과와 오렌지가 큰 접시에 약간 시들은 채 담겨 있다. 한쪽 벽은 거의 전면이 큰 유리창으로 엉겅퀴가 있던 뒷마당의 숲이 가득 담긴다. 아마 화실 안을 좀 더 환하게 만들려고 한 것 같다.

세잔의 정원은 조촐하지만 무게가 있다. 억지로 꾸미려 하지 않았다. 잠시 사색을 하거나 초록 숲 속에서 눈을 쉴 수 있게 산책을 하기에 딱 좋다. 아마 세잔이 그림을 그리다 이런 휴식을 원했으리라 생각된다. 비록 이 아틀리에는 세잔의 작품은 없지만 세잔이 살고, 작업하고, 거닐었던 곳이며 마지막 삶을 마쳤던 곳이다. 이곳에 남은 그의 흔적은 세잔의 작품을 감상하는 것보다 더 감동적이었다. 그리고 정원은 티켓 없이도 자유롭게 돌아 볼 수 있는 곳이었다.

## Atelier De Cezanne

Address : 9 Avenue Paul Cézanne, 13100 Aix-en-Provence, France
H-Page : www.cezanne-en-provence.com

# 프로방스 *Provence*

프로방스(Provence)는 프랑스 남부의 지중해 연안에 있는 지역 이름이다. 행정구역은 프로방스알프코트 다주르(Provence-Alpes-Cote d'Azur)이다. 이름에 있듯이 북쪽에 알프스산맥과 남쪽으로 칸, 니스, 마르세유 등이 있는 지중해 연안의 코드 다주르까지 펼쳐진 지역이다. 역사적으로는 고대에 페니키아의 식민지였으며 그 뒤 로마의 점령으로 일찍이 도시문명이 번영한 곳이다. 특히 1309년 교황청이 아비뇽으로 이전하여 100년 동안 이곳에 있었다. 프로방스 마을들은 곳곳에 작은 규모로 옛스러운 모습과 중세의 느낌을 고스란히 간직하고 있다.

하지만 우리에게 프로방스는 프로방스 스타일로 더 많이 알려져 있는 듯하다. 꽃무늬가 잔잔히 들어 있는 레이스, 라벤더 향기가 은은히 배어 나올 것 같은 패브릭 그리고 아기자기한 목제 가구들이 떠오른다. 프로방스 스타일은 아마 자연의 모습을 그대로 담은 생동감과 중세의 생활 방식에서 나오는 소박함이 어우러져 편안하게 느껴지는 스타일이라고 할 수 있다.

프로방스에는 푸른 하늘, 노란 태양, 파란 바다가 있다. 이런 싱그러운 풍광이 프로방스 스타일의 소박하고 순수한 생활방식에 생동감을 더한다. 이는 예술가들에게 색채의 강렬함을 화폭에 담을 수 있는 에너지 그리고 모든 것을 맑고 또렷하게 관찰할 수 있는 힘을 주는 듯하다. 그래서 이곳은 많은 화가와 작가들을 탄생시키고 더 많은 예술가들을 프로방스로 모이게 하였던 것 같다.

이곳 출신의 예술가는
- 〈별〉, 〈마지막 수업〉으로 유명한 작가 알퐁스 도데
- 프랑스를 대표하는 화가 폴 세잔
- 〈나무를 심는 사람〉의 작가 장 지오노

이곳으로 이주한 예술가는
- 아를과 생레미 프로방스에서 지낸 빈센트 반 고흐
- 말년을 무쟁에서 보내고 떠난 파블로 피카소
- 생폴 드방스에 잠든 마크 샤갈
- 니스로 이주하여 미술관을 남긴 앙리 마티스

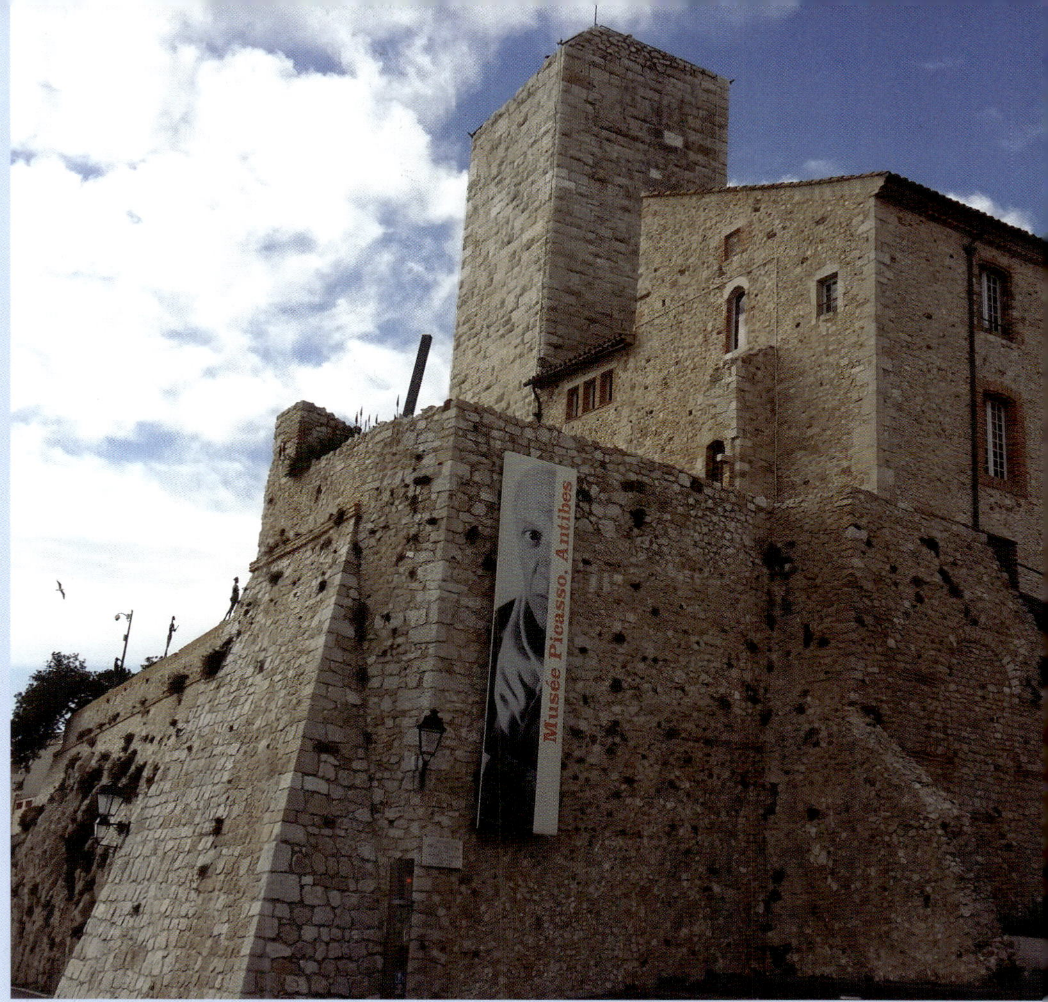
Musée Picasso, Antibes

MUSÉE MATISSE

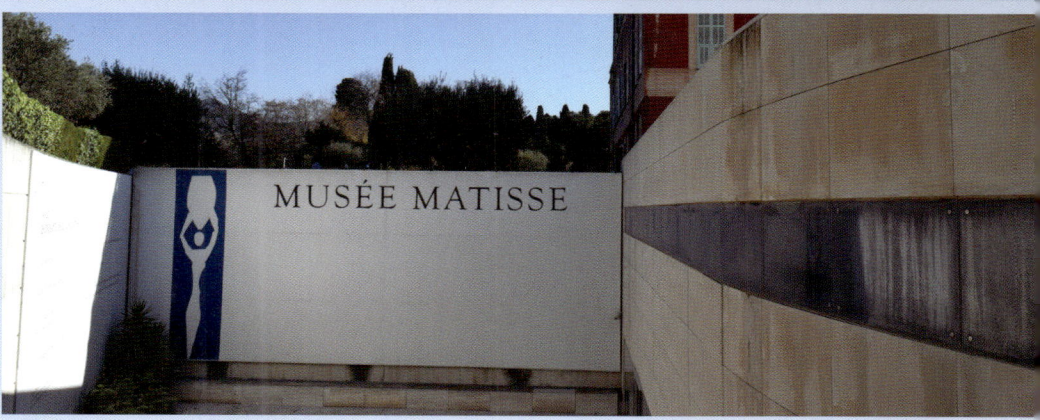

그래서 프로방스 지방으로 많은 여행객들이 문학과 미술의 흔적을 찾아 방문하고 있다. 하지만 프로방스에 과거만 있는 것이 아니다. 아를에서 북동쪽으로 20km 정도 떨어진 레 보드프로방스(Les Baux-de-Provence) 마을에 '빛의 채석장(Les Carrières de Lumières)'이 있다.

이곳은 흰색 계열의 석회암을 채석하던 돌산이었다. 1935년 폐업하여 약 80년 동안 방치되었다. 그런데 2012년 이곳에 고갱과 고흐의 작품이 멀티미디어 방식으로 전시되면서 방치되었던 채석장은 '빛의 채석장'이란 이름으로 재탄생하였다.

전시장은 석회암을 채석하며 만들어진 약 16m 높이의 수직면 전체가 캔버스이다. 바닥, 천장 그리고 벽에 비추는 영상 면적이 7,000m²가 넘는다. 빛의 채석장은 동굴 형태이며 프로젝션으로 화가들의 작품을 하얀 석회암 캔버스에 영상으로 비춘다. 이는 동굴의 압도적인 규모, 거대하게 처리하는 영상 그리고 동굴 안에 퍼지는 서라운드 음향 등이 어우러진 환상적인 공간이 된다.

내가 이곳에 왔을 때, 샤갈전을 하고 있었다. 어둠 속에서 샤갈의 꽃, 새, 염소 그리고 샤갈과 그의 아내 벨라가 그림에서 나와 동굴을 날아다녔다. 가끔은 내 어깨를 스치고 간다. 이곳에서는 미술관 액자 속에 있는 대가들의 작품을 새롭게 해석하여 새로운 각도로 보여주고 새롭게 느낄 수 있게 하고 있다. 아직도 프로방스 지방은 예술가들이 모여 새로운 예술을 담아내고 있는 곳이었다.

## 4. 고흐

# Vincent van Gogh

### 아를과 생레미는 고흐의 정원이었다

고흐는 그가 소유했던 집과 정원은 없었다. 단지 고흐가 많은 그림을 그렸던 시절에 머물렀던 곳은 아를(Arles)과 생레미 드프로방스(Saint-Rémy de Provence)이다. 아를은 프로방스 지방에 있는 도시이며 남동쪽으로 100km쯤 떨어진 곳에 지중해와 맞닿은 항구 도시 마르세유가 있다. 아를 시내에는 원형 극장, 투우장, 묘지 등 로마 시대 유적과 생트로팽 대성당 등 중세 시대 유적이 풍부하게 남아 있는 곳이다. 하지만 지금 아를은 고흐의 흔적이 남아 있는 도시로 더 유명한 듯하다.

빈센트 반 고흐(Vincent van Gogh, 1853~1890)는 네덜란드 그루트 준데르트(Groot Zundert)라는 작은 마을에서 목사의 아들로 태어났다. 11세에 부모를 떠나 기숙학교에 다녔는데 가난으로 15세 때 학교를 그만두고 숙부가 운영하는 화랑에서 일한다. 화랑 일은 그의 적성에 맞지 않았다. 그리고 빈센트는 성직자의 길을 택하지만 신학대학교 입학에 실패하고 평신도로서 전도 활동을 하게 된다. 그러나 그의 광신도적인 기질과 격정적인 성격 때문에 결국 교회로부터 전도사로 인정받지 못했다. 1880년 스물일곱 나이에 빈센트는 화가에 뜻을 두고 파리로 간다. 그리고 1890년 프랑스 오베르 쉬르 우아즈에서 서른일곱 나이로 생을 마감한다. 그는 10년 동안 화가이었다. 불과 10년이라는 짧은 기간에 800여점의 그림을 그렸다. 그의 작품들은 강렬한 색채, 거친 붓놀림, 뚜렷한 윤곽이 깊은 인상을 남긴다. 하지만 그의 작품은 그가 살아 있는 동안 인정받지 못하고 사후에 불후의 명작이 되었다. 그리고 그의 삶은 영원한 신화로 남았다.

1888년 2월, 고흐는 파리의 우울한 생활을 떠나 아를에 도착한다. 화창한 봄, 5월에 그는 아를의 라마르탱 광장 북쪽에 있던 노란 집을 빌려 거처를 옮긴다. 그곳에서 고갱과도 잠시 함께 살았던 〈노란 집〉, 침대와 의자가 있는 〈고흐의 방〉, 론강 주변을 그린 〈별이 빛나는 밤〉 그리고 시내에 있는 카페를 그린 〈밤의 카페 테라스〉 등 그의 명작을 남긴다.

그리고 그해 가을, 아를에서 고흐는 고갱과의 불화로 자신의 귀를 자르는 사건이 일어난다. 그 후, 그는 시립병원에 입원한다. 고흐가 입원했던 병원이 아직 아를 시내에 남아 있다. 이곳은 현재 주민들의 문화센터로 활용되고 있으며 '반 고흐 공간(Espace Van Gogh)'이란 이름으로 고흐의 흔적을 기억하고 있다. 건물 중앙에 있는 정원에 고흐가 그린 〈아를 병원의 정원〉이 사진으로 이젤에 올려있다. 아직 정원과 건물은 그림과 똑같은 모습이다.

고흐는 병세가 악화되어 생폴 드모졸 수도원(Monastery Saint-Paul de Mausole)에 있는 요양원으로 가게 된다. 그곳은 아를에서 북동쪽으로 30킬로미터 떨어진 생레미 드프로방스 마을의 외곽에 위치한다. 이곳에서 그는 그의 대표적 걸작들이 포함된 140여 점의 그림을 그렸다고 한다. 1889년 5월부터 1890년 5월까지 1년이라는 짧은 기간이다. 그는 그의 마지막 열정을 모두 쏟아 부은 듯하다. 그리고 2달 뒤, 1890년 그는 파리 근교에 있는 작은 마을 오베르쉬르오아즈(Auvers-sur-Oise)에서 생을 마감한다.

나는 생레미 드프로방스(Saint-Rémy-de-Provence) 마을로 향했다. 가는 길에 푸른 하늘을 배경으로 올리브밭이 펼쳐지고 바람이 몹시 분다. 마을로 들어가는 길에 키가 큰 플라타너스가 터널을 이루고 있다. 나무 밑동이 지름 1미터 정도는 되는 것 같다. 게다가 약 5~6미터 간격으로 촘촘히 서 있어 차 안에서 빗겨 보니 마치 나무 기둥으로 벽을 이루고 있는 것 같다.

　플라타너스의 넓은 잎은 천장을 만들고 있고 세찬 바람은 나무 위로 넘어 간다. 거칠고 투박한 나무라고 생각한 플라타너스가 바람을 막고 아늑한 분위기를 만드니 다시 보인다.

　주차장에 도착하니 아직도 바람이 몹시 분다. 차에서 내리니 마치 소용돌이치듯 바람이 거세게 몰아쳐 온몸이 휘청거릴 정도다. 주변은 올리브나무가 줄지어 서 있는 과수원이다. 나무 아래 나지막한 보리사초 무리가 파도처럼 초록 물결을 일렁이며 바람에 쓸린다. 보리사초는 우리가 먹는 보리를 닮았는데 키가 작은 야생 친척이다. 마치 고흐의 쓸쓸함을 이야기하는 것 같다.

　입구에 들어서니 해바라기를 든 고흐의 동상이 서있다. 하지만 지금 그의 모습은 아프거나 불행해 보이지는 않는다. 그가 해바라기를 품에 안고 있어서인지, 내가 이곳에 와서 그를 만났다는 행복감 때문에 그렇게 느끼는 것인지는 모르겠다.

　우선 2층에 있는 그의 병실로 올라갔다. 3x4m 정도의 작은 방이다. 프로방스의 따뜻한 햇살이 작은 창을 통해 들어온다. 정원으로 내려왔다. 수도원의 정원은 네 면이 건물의 회랑으로 둘러싸여 있는 전형적인 중세의 회랑식 정원이다. 유럽의 중세는 서로마 제국이 붕괴된 400년대부터 르네상스 이전까지 약 1000년 동안이다. 이 시대는 종교가 사회 전반을 지배하던 시기였으며, 정원도 기독교 생활의 중심지인 수도원에서 볼 수 있다.

수도원은 하나의 독립 공동체로써 종교적 목적의 공간과 필요한 물자를 자급자족하기 위한 공간이 있다. 그래서 실용 목적으로 채소원, 약초원이 발달하며 건물 중앙에는 장식적인 정원이 있다. 중세 정원은 사각의 마당을 네 부분으로 나누고 중앙에 큰 나무를 심거나 수반, 분수 등이 있는 모습이다. 이곳도 회양목으로 화단 경계를 만들어 네 부분으로 나누었고 화단 안에는 무언가 새싹이 올라오고 있다.

그리고 뒷문으로 나가니 수도원의 약초원이 넓게 펼쳐져 있다. 아직 작은 덩이의 라벤더가 고랑을 이루며 정렬되어 있다. 라벤더는 관상용으로 심기도 하지만 향유를 채취하기 위한 약초이기도 하다. 라벤더 향은 마음을 진정시켜 편안하게 하는 효과가 있다고 한다. 마지막 이랑에는 고흐의 그림 〈붓꽃〉에 그려진 그 연한 보라색의 붓꽃이 한창이다. 주변은 전원 풍경이 나지막하니 부드럽게 펼쳐져 차분한 분위기이다.

고흐가 여기서 동생 테오에게 쓴 편지 중에 '이곳의 풍경이 아름답고 의사가 그림을 그릴 수 있게...' 라는 글을 본 적이 있다. 아마 이 평화로운 풍경이 소용돌이치는 그의 마음을 어느 정도 달래주었나 보다. 나도 그가 좋아한 풍경을 한참 동안 바라보고 있었다. 그는 이곳 생레미 수도원에서 〈해바라기〉, 〈프로방스의 추수〉 등 노란색의 그림을 많이 그렸다. 그가 칠한 진한 노란색은 지금 내가 받고 있는 이 햇볕을 닮은 것 같다. 지난번 암스테르담에 있는 고흐 미술관에 갔었는데, 아를과 이곳의 풍경을 직접 보고 그의 그림을 보았으며 더 좋았을 텐데 아쉽다. 언젠가 그 미술관에 다시 가야 할 것 같다.

그리고 몇 년 후, 나는 고흐가 생을 마감한 오베르쉬르오아즈(Auvers-sur-Oise) 마을을 찾아갔다. 파리에서 북쪽으로 30킬로미터 떨어진 곳이다. 이 작은 마을에 고흐의 흔적이 이곳저곳에 남아 있다. 고흐는 이곳에서 하루에 한두 작품을 완성할 정도로 열정적으로 그림을 그렸다고 한다.

그중에 내가 좋아하는 〈까마귀가 나는 밀밭〉이 있다. 암스테르담에 있는 고흐 미술관에서 인상 깊게 본 그림이다. 많은 사람들이 암울한 그림으로 보지만, 나는 아니다. 풍성한 밀밭에 노랗게 익은 밀알이 부드럽게 살랑거리고 그 사이에 있는 길 위로 까마귀들이 힘차게 캔버스 밖으로 날아간다. 더구나 나는 독일에서 까마귀가 미래를 상징하는 길조라는 이야기를 들었다. 그래서인지 나는 이 그림이 앞날에 대한 그의 새로운 희망을 이야기하는 것 같이 느껴진다.

나는 그 밀밭으로 갔다. 밭 한 가운데 그의 작품이 서 있다. 10월 말, 수확이 끝난 밀밭에는 마른 잡풀이 무성하다. 같은 모습은 아니지만 나는 이런저런 각도로 그가 그린 그림의 풍경을 사진에 담았다.

그리고 밀밭 옆에 마을 공동묘지가 있다. 그곳에 고흐와 그의 동생 테오의 무덤이 나란히 있다. 테오는 형이 떠나고 6개월 후에 형을 따라갔다. 비석은 화려한 치장 없이 작고 소박하다. 늘 푸른 아이비가 낮게 깔리며 두 무덤을 하나로 감싸 준다. 둘은 길지 않았던 인생에 많은 편지를 서로 주고받았다고 한다. 하지만 이제는 더 이상 편지를 쓰지 않아도 될 것 같다. 그냥, 나직이 속삭이면 된다. 누군가 고흐에게 붉은 튤립 그리고 테오에게 노란 해바라기 꽃을 헌화하였다.

밀밭이 있는 언덕에서 내려오는 길에 그가 그렸던 〈오베르의 교회〉도 있다. 좀 더 내려가면 작은 관광 안내소가 있고 그곳에서 기념품도 판다. 마침 〈까마귀가 나는 밀밭〉 그림을 담은 긴 스카프가 있다. 굵은 터치로 물감을 두껍게 칠한 그의 그림과는 달리 살랑거리는 얇고 부드러운 천으로 만들었다.

나는 갑자기 그림을 좋아하는 언니와 동생이 생각났다. 우리 세 자매가 똑같은 스카프를 갖고 싶었다. 하지만 아쉽게 기념품 가게에 그 스카프는 2장이 전부라고 한다. 하는 수없이 내 것은 내려오는 길에 보았던 오베르 교회가 그려진 스카프를 샀다. 그것도 마지막 1장이었다. 작은 마을에 작은 기념품 가게이다.

## Monastery Saint-Paul de Mausole

Address : 2 Voie Communale des Carrières, 13210 Saint-Rémy-de-Provence, France
H-Page : www.saintpauldemausole.fr

# 5. 모네

## *Claude Monet*

### 22m 대작 '수련'이 탄생한 그 정원

파리의 오랑주리 미술관에는 모네가 그린 22미터짜리 대작 〈수련〉이 있다. 그리고 그 수련이 있었던 정원이 아직 남아 있다. 그곳은 파리에서 서쪽으로 80킬로미터쯤 떨어진 곳에 쥐베르니(Giverny)라는 노르망디 풍의 작은 마을이다. 그리고 이곳에 그 그림을 그린 프랑스의 인상파 화가인 모네의 주택과 정원이 보존되어 있다. 그는 1883년부터 1926년까지 86세로 생을 마감할 때까지 43년 동안 이곳에 살며 정원을 소재로 약 500점의 그림을 그렸다. 많은 사람들이 이곳을 '모네의 정원'이라고 부른다.

클로드 모네(Claude Monet, 1840~1926)는 인상주의 화가이다. 그는 1840년 프랑스 파리에서 상인의 아들로 태어났다. 모네가 다섯 살 때, 가족은 바닷가에 있는 르아브르(Le Havre)로 이주하여 외삼촌과 사업을 함께하게 되어, 그는 그곳에서 어린 시절을 보냈다. 그리고 모네는 19세에 파리로 돌아와 미술 공부를 시작하며 피사로, 바지유, 르느와르, 시슬리 등과 교류하였다.

1874년 모네는 첫 번째 그룹 전에 참가하면서 〈인상, 일출〉이라는 작품을 출품한다. 그 후 인상주의라는 말이 생겼다. 그는 빛에 따라 시시각각으로 변하는 자연의 색을 묘사하려 하였고, 이러한 변화 속에서 눈에 보이는 순간적 효과를 색채나 색조를 이용하여 정확하게 표현하려 하였다.

모네는 풍부한 자연의 색을 찾아 1890년 집과 과수원이 있는 지베르니로 이사한다. 그리고 그는 다음 해 봄부터 과수원을 자신의 정원으로 꾸미기 시작한다. 처음엔 정원사 펠릭스와 함께 정원 일을 하지만 나중에는 정원사가 6명으로 늘어나게 되었다. 1892년 린덴나무숲 옆에 온실을 만들었고 1897년 화실이 있는 2층 주택을 지었다. 그 후, 주변 목초지 7,500m²를 구입하여 작은 수로와 연못을 만들어 수련을 키우기 시작하였다.

모네의 정원에 들어서면 오른쪽으로 기념관인 주택이 먼저 나온다. 우선 집 안으로 들어갔다. 1층에 식당과 부엌이 있고 이층으로 올라가는 계단 벽에 일본 판화들이 걸려 있다. 이곳저곳에 일본풍의 장식품들이 많이 있다. 집안에 걸려있는 일본 그림과 일본풍의 판화들이 대(大) 인상파 화가의 명성을 조금은 깎아내리는 듯한 생각이 든다. 모네 자신도 우키요에(浮世繪) 목판화에 많은 영향을 받았다고 한다. 그리고 정원에 대나무를 심고 연못에는 일본풍의 무지개다리를 만들기도 했다. 물론 그가 살던 19세기 후반에 파리의 문화계에 일본 열풍이 불어 많은 화가들이 영향을 받았다고는 하지만, 어색하다.

이층에서 정원을 내려다보니 중앙에 덩굴식물이 올라갈 수 있는 아치 구조물이 있다. 모네의 그림 속에서 보았던 것이다. 그림 속에서는 등나무 꽃이 늘어졌었는데 지금은 덩굴장미가 올라가기 시작하고 있다. 그리고 장미 아치를 중심으로 양쪽에 펼쳐진 화단은 조금 복잡해 보인다. 아마 내려가서 직접 정원을 거닐어야 그 맛을 느낄 수 있을 것 같다.

주택을 나와 정원으로 나오니 다양한 꽃들로 혼합 식재된 화단이 있다. 모네는 되도록 많은 꽃을 심고 싶었나 보다. 화단은 좁고 길게 구획하였고 그 사이 길이 있어 정원사가 관리하기 편하게 정리되어 있다. 그리고 주택 정면에 등나무 꽃이 늘어진 아치와 붓꽃을 그렸던 장소도 어림잡을 수 있다. 예전에 모네가 산책을 하거나 그림 소재를 찾기 위해 이곳저곳 둘러보던 화단에서 지금 나는 그의 흔적을 찾아 그와 비슷하게 둘러보고 있다는 것이 묘한 흥분으로 다가온다.

화단에는 다양한 종류의 꽃들이 피어 있다. 모네는 6명의 정원사와 함께 이 정원을 관리하였다지만 일반인에게 공개하는 요즘에는 더 많은 정원사가 필요할 것 같다. 역시나 화단 사이에서 서너 명의 정원사가 열심히 일하고 있다. 정원사들은 화단에 시든 꽃을 따주고, 계절에 따라 일년초를 갈아 심고, 키 큰 다년초를 정리하고 있다. 그들의 햇볕에 그을린 구릿빛 피부는 '건강한 아름다움'이라는 단어를 떠올리게 한다.

화단을 지나면 길 건너 연못이 있는 정원으로 갈 수 있는 지하 통로가 있다. 지하 통로를 나오면 연못으로 흘러 들어가는 물길이 있고 한쪽으로 작은 대나무 숲이 있다. 모네는 졸졸 흐르는 물소리와 바람에 대나무 잎이 사각대는 소리를 듣고 싶었나 보다. 물길을 건너는 다리를 지나니 연못에 떠 있는 수련이 꽃을 피우고 있다. 그리고 물가에 어울리는 버드나무와 진분홍, 분홍, 노랑, 베이지색 등 다양한 색의 노루오줌이 큰 덩어리로 잘 어우러져 있다.

그리고 연못 위에서 작은 나룻배를 탄 정원사가 조심스럽게 수초를 걷어 올리고 있다. 여유로운 그의 모습이 오르세 미술관에서 본 세 여인이 흰 드레스를 입고 낚시를 하고 있는 그림 '지베르니의 나룻배'를 떠올리게 한다.

연못 주위를 걷다 보면 모네의 그림 '수련' 연작에서 본 장면들이 하나둘씩 나타난다. 그가 찾던 빛의 변화에 따른 색채의 조화가 물 위에 반영되어 연못 위에 펼쳐진다. 폴 세잔(Paul Cézanne)은 빛의 변화를 색채로 풀어내는 모네의 이러한 능력에 대해 '모네는 신의 눈을 가진 유일한 인간'이라고 감탄하였다고 한다.

연못을 지나니 큰 나무 아래, 그늘진 벤치에 앉아 그림을 그리는 사람이 보인다. 가까이 가보니 흰 캔버스 위에 내려앉는 나뭇잎의 그림자를 조심스럽게 본을 떠서 다양한 색으로 칠하고 있다. 재미있는 구성이 된다. 그림을 그리고 있는 화가(?) 아저씨의 모습이 이 모네의 정원과 잘 어울린다. 그리고 그곳에서 그림을 그리며 오랜 시간 머물고 있는 그의 여유가 부럽다.

나오는 길에 300 제곱미터가 넘는 면적에 천장이 높은 그의 아틀리에가 있다. 지금은 책과 기념품을 파는 가게가 되었다. 이곳이 오랑주리 미술관에 걸려 있는 모네의 22미터짜리 대작 〈수련〉을 그리던 곳이라 한다.

### Fondation Claude Monet

Address : 84 Rue Claude Monet, 27620 Giverny, France
H-Page : www.fondation-monet.com

## 6. 디오르

# *Christian Dior*

### 민트 빛 바다, 그리고 빨강 하양 장미 물결

프랑스가 예술과 패션 그리고 음식 문화를 자랑한다면 그중에 패션 문화는 샤넬(G. Chanel)과 디오르(C. Dior)가 있기 때문일 것이다. 샤넬이 여성의 몸을 고통스럽게 짓누르는 코르셋에서 해방시켰다면 디오르는 부드러운 어깨선과 잘록한 허리를 부각하여 여성의 아름다움을 강조한 복고풍의 '뉴룩(New Look)'을 발표하였다. 디오르의 정원은 파리에서 320km 정도 서쪽에 위치한 그랑빌에 있다. 이곳은 유명한 관광지, 르 몽 생미셸(Le Mont-Saint-Michel)에서 30km 정도 떨어진 곳에 있다.

크리스티앙 디오르(Christian Dior, 1905~1957)는 노르망디(Normandy) 지역의 그랑빌(Granville)에서 다섯 남매 중 둘째로 태어났다. 그는 20대 초반 파리로 진출하며 겔러리를 열어 피카소, 달리, 자코메티, 칼더 등 유명 예술가들과 교류하며 의상 디자인을 시작한다. 그리고 1947년 '크리스티앙 디오르'라는 럭셔리 패션 브랜드를 만든다.

그는 그 당시 파리 패션계의 일인자인 가브리엘 샤넬이 유행시킨 군복 같은 딱딱하고 절제된 옷에 도전한다. 그는 여성들에게 둥글고 완만하게 흐르는 어깨선, 가는 허리 그리고 허리를 강조하기 위한 넓게 퍼지는 스커트로 여성의 부드러움과 우아함을 강조할 수 있는 스타일을 선보이며 각광을 받게 된다.

또한 그의 뛰어난 사업 전략은 미국 시장에 기성복을 출시하고 파리에서는 1:1 고급 맞춤복을 선보인다. 또한 '퍼퓸 크리스티앙 디오르' 회사를 설립해 향수 '미스 디오르(Miss Dior)'를 발표하고 가방, 구두, 스카프, 보석, 시계 등으로 사업을 확장하여 '크리스티앙 디오르' 상표는 프랑스를 대표하는 패션 브랜드가 된다.

그의 생가와 정원은 1997년부터 박물관으로 일반인에게 개방되었다. 박물관에 도착하니 입구에 그의 대표 작품인 '뉴룩'의 큰 포스터가 걸려 있다. 그리고 대문 안쪽으로 훤칠한 소나무가 나를 반긴다. 유럽 정원에서 흔하지 않은 광경이다.

주택을 개조한 박물관의 외관은 디오르가 좋아하는 분홍색의 벽면에 창틀은 자주색으로 돌출되어 있다. 박물관은 3개 층에 걸쳐 디오르의 삶과 예술세계를 떠올릴 수 있는 오트 쿠튀르의 소장품을 비롯해 유품, 사진, 서적, 장신구, 향수 등을 전시하고 있다. 오트 쿠튀르(Haute Couture)는 직역하면 프랑스어로 고급 의상실이란 뜻이다. 당시 귀족이나 상류층을 위한 의상실이다. 미리 고객을 위한 새로운 의상을 디자인하면, 이것이 전 세계 패션의 방향을 결정하는 지표가 되어 패션쇼로 발전하였다. 지금도 오트 쿠튀르 패션쇼는 1년에 두 번 파리에서 열리며 여기서 소개되는 콘셉과 디자인 요소들이 그 시대의 트랜드를 만들기도 한다.

일단 전시장을 둘러보고 정원으로 나왔다. 풍성한 소나무 숲이 바다 쪽으로 연결되어 있다. 그리고 바다를 향한 테라스가 있다. 그 앞으로 해안선을 따라 펼쳐진 바다의 색깔은 비취색이 아닌 민트색이었다. 테라스는 가운데 직사각형의 연못이 있고 연보라색의 꽃이 연못가에서 화사하다.

꽃은 디오르의 디자인 세계에 중요한 아이템이다. 그는 새로운 스타일을 개발할 때마다 즐겨 꽃의 이름을 붙였다. 뉴룩도 원래 코롤 라인(corolle line)이라고 불렀다. 코롤은 화관(花冠)으로 꽃부리로 꽃잎 전체를 이르는 말이다. 그 후에도 튤립 라인(tulip line), 뮤게 라인(muguet(영란화) line) 등으로 이름 지었다.

테라스에서 해변을 따라 분홍색과 흰색의 장미 넝쿨이 올라간 아치형 터널이 길게 이어진다. 그 길은 디오르의 동상이 있는 장미원으로 연결된다. 디오르는 어린 시절 그의 어머니 마들렌느와 함께 정원에서 장미를 가꾸며, 꽃의 아름다움과 향기를 느끼며 성장하였다. 그의 천재적인 감성은 아마 이 정원에서 시작되었을 것이다. 그리고 장미는 디오르의 디자인 세계를 상징하는 중요한 꽃이 되었다.

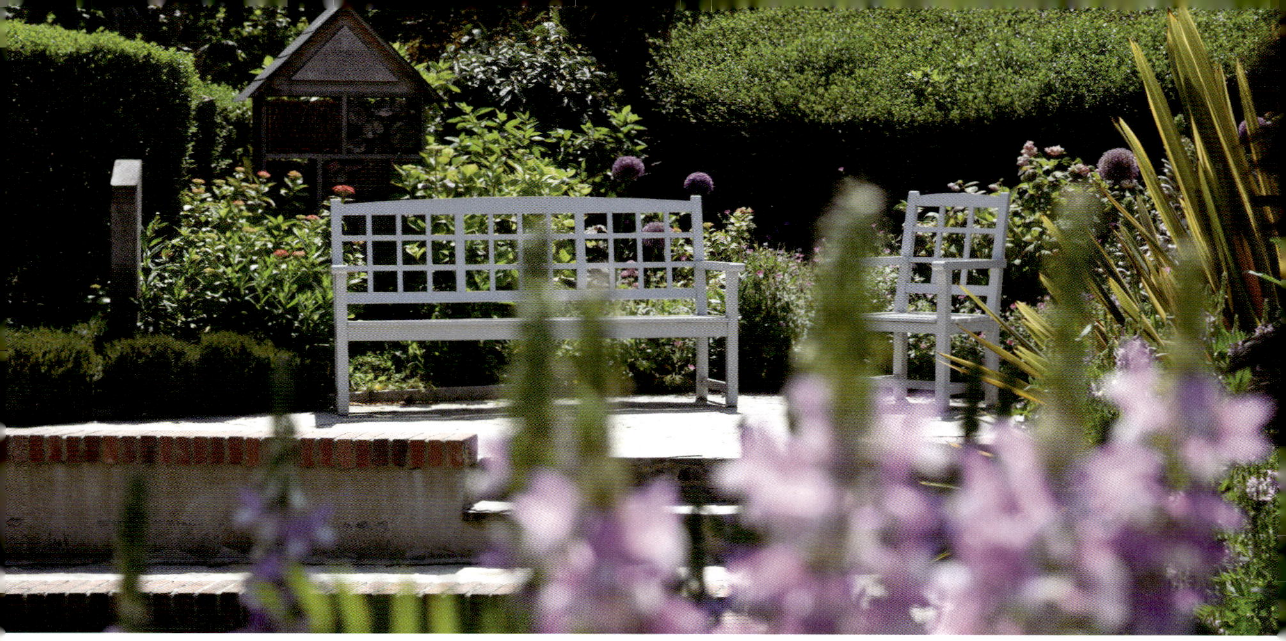

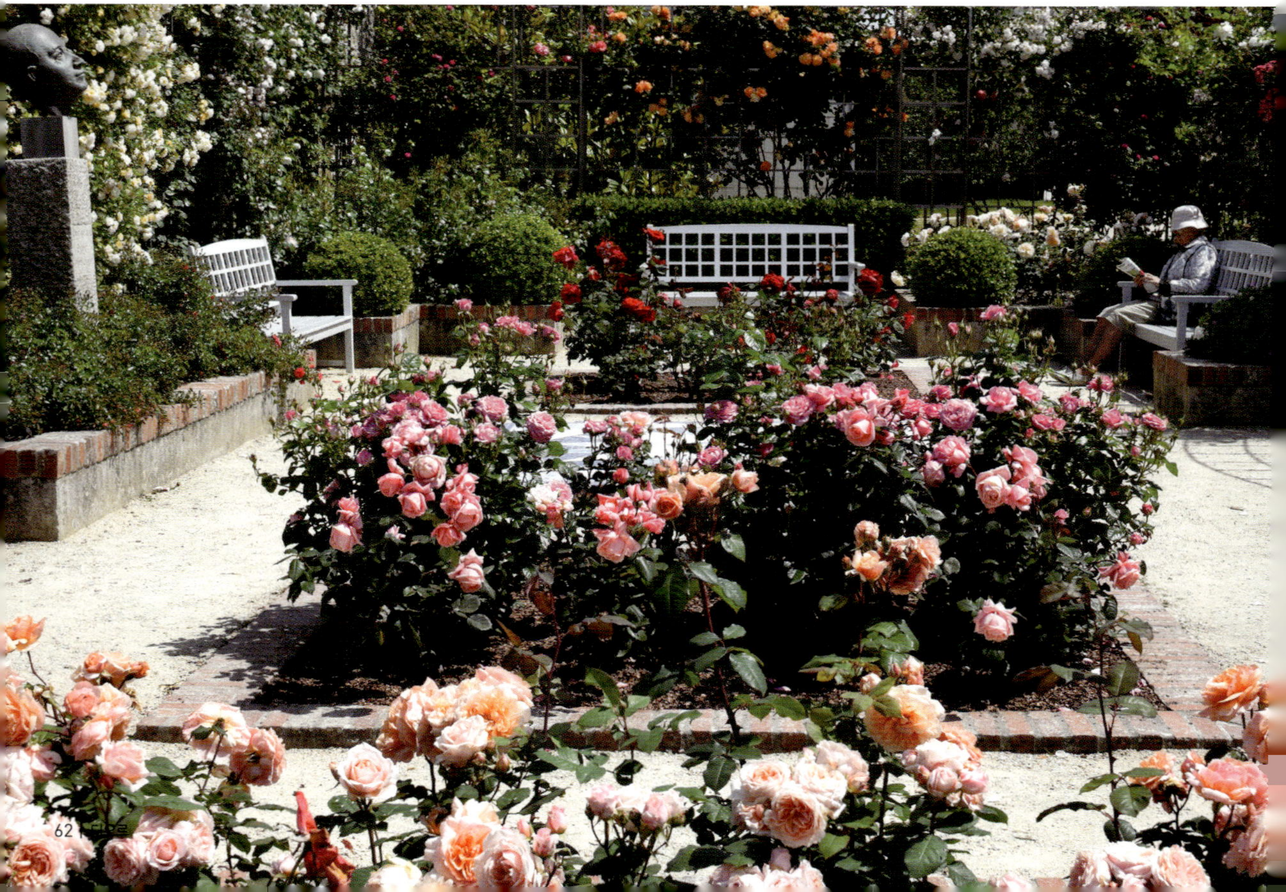

장미는 유럽인들이 좋아하는 꽃이다. 그리고 그들의 장미 사랑으로 다양한 품종이 개발되었다. 그 새로운 품종에 개발자 이름이나 유명한 사람의 이름이 붙여지곤 한다. 풍성한 겹꽃으로 분홍색 제킬 장미와 살구색의 단아한 헤르만 헤세 장미가 있다. 혹시 디오르의 장미가 있을지도 모른다는 생각에 나는 벤치에 앉아 스마트폰으로 검색하였다. 역시나 그의 이름을 붙인 장미의 품종이 있다. 진한 붉은색에 중간 크기의 화려한 겹꽃으로 '크리스티앙 디오르 장미(Rosa 'Christian Dior')'가 있다.

맞은편 벤치에는 연세 지긋하신 부인이 여유롭게 책을 읽고 있다. 저런 모습은 정원 여행을 하면서 늘 부러운 광경이다. 나는 정원을 여유 있게 산책하거나 즐기기보다는 늘 관찰하고 기록하고 사진을 찍으며 급하게 다니고 있기 때문이다. 특히 외국의 정원일 경우는 더욱 심해진다. 역시 정원은 전문직으로 일하는 것보다 취미로 즐기는 것이 훨씬 행복한 일인 것 같다. 저 부인도 지금 장미 향기를 맡으며 정원을 즐기고 계신 것 같다. 아니면 크리스티앙 디오르의 '뉴룩' 패션을 즐겨 입었던 젊은 시절을 회상하고 계시려나?

나오는 길에 화단에서 묵묵히 일하고 있는 정원사가 보인다. 그는 은회색 잎이 나직이 깔리는 백묘국과 붉은 베고니아 꽃이 피어있는 화단을 정리하고 있다. 아마 베고니아의 묵은 잎을 떼어내어 붉은색의 대비를 더욱 선명하게 유지하기 위함이리라. 그 화단을 보고 있자니 은회색 바탕에 규칙적으로 붉은색 동그라미 문양이 있는 옷감이 떠오른다. 일명, 땡땡이 문양이 연상되는 것은 이곳이 패션 디자이너의 생가라는 장소성 때문일까?

## Musée Christian Dior

Address : 1 Rue d'Estouteville, 50400 Granville, France
H-Page : www.musee-dior-granville.com

## 7. 헤세

# *Hermann Hesse*

### 정원 가꾸기는 일상 속의 철학

독일과 스위스의 접경지대에 아름다운 보덴 호수(Bodensee)가 있다. 이 호수는 독일 북부로 흐르는 라인 강의 발원지 중에 한 곳이다. 이 호숫가에 가이엔호펜(Gaienhofen) 마을이 있으며 이곳에 독일의 소설가이자 시인인 헤르만 헤세가 살던 주택과 정원이 있다. 집 앞의 도로 이름도 헤르만헤세 길(Hermann-Hesse Weg)이라 어렵지 않게 그의 집을 찾을 수 있다. 이 지역은 서쪽으로 110킬로미터 떨어진 곳에 독일의 프라이부르그가 있고 남쪽으로 65킬로미터 정도 떨어진 스위스의 취리히가 있다.

헤르만 헤세(Hermann Hesse, 1877~1962)는 독일 남서부의 검은 숲이라 불리는 슈발츠 발트의 작은 도시 칼브(Calw)에서 목사의 아들로 태어난다. 그는 괴팅겐에서 라틴어 학교를 다녔으며 신학교에 입학하였으나 12살에 시인이 될 것을 결심하고 중퇴한다. 그리고 고향에 있는 시계 공장의 실습공, 튀빙겐의 서점 등에서 일하면서 시와 산문을 쓰기 시작하였다.

그의 주요 작품으로 〈수레바퀴 밑에서〉, 〈데미안〉, 〈싯다르타〉 등이 있으며 〈유리알 유희〉로 1946년 노벨문학상을 수상하였다. 그는 1, 2차 세계대전을 겪으면서 독일을 떠나 스위스로 귀화하였다. 그리고 1962년, 헤세는 85세의 나이로 스위스 루가노 호숫가의 몬타뇰라에서 생을 마감한다.

헤세는 거주지를 옮길 때마다 정원을 만들었다. 정원은 그에게 문명으로부터 벗어나 자연의 리듬에 몸을 맡기고, 혼란스럽고 고통에 찬 시대에 영혼의 평화를 지키는 장소였다. 그는 1907년 첫 번째 부인인 피아니스트 마리아 베르누이(Maria Bernoulli)와 결혼하면서 이곳 가이엔호펜으로 이사 왔다.

지금 주인은 에버바인(Eberwein) 부부이다. 이들은 사라질지도 모르는 헤세의 주택과 정원을 구입하여 2003년 이곳으로 이사 왔다. 그리고 독일기념물 보호재단의 기록에 의해 복원하고 재단의 관리를 받으며 살고 있다. 생물학자인 부인은 2016년 '잊혀지는 세계의 재발견'이란 부제로 헤세의 정원을 옛 모습대로 보수하고 유지하는 과정을 〈헤르만 헤세의 정원〉이란 책으로 출판하였다.

정원과 주택은 정해진 날이나 신청에 따라 방문할 수 있다. 사실 나는 봄에 일정을 맞추지 못하고 찾아와 골목에서 서성이다가 가을에 다시 왔다. 내가 방문한 날은 12시에 오픈인데, 이미 많은 사람들이 와 있었고, 뒷마당에 의자가 20여 개 놓여 있다. 정원 투어를 하는 단체 손님인 듯하다. 이를 진행하는 해설사가 있고, 그 앞에 십여 명이 무언가를 적으며 설명을 듣고 있다.

주인은 정원 투어 팀의 강의를 방해하지 말자며 우리를 건물 옆쪽으로 안내한다. 그가 초입에 있는 100년이 넘은 배나무를 설명하려는데, 고슴도치가 길을 막는다. 그는 잠시 실례한다고 하며 두 손으로 고슴도치를 조심스럽게 잡아서 화단 구석에 넣어 준다. 그곳에 고슴도치의 집이 있고 얼마 전, 새끼를 낳아 어린 고슴도치도 몇 마리 있다고 한다.

건물을 돌아가다 건물 모퉁이에 길게 붙어 있는 빗물 홈통이 눈에 뜨인다. 그 홈통 중간에는 열고 닫을 수 있는 간단한 장치가 붙어 있다. 장치를 닫으면 빗물이 곧장 빗물받이로 흘러 내려가고 장치를 열면 그 옆에 있는 큰 물통에 빗물을 모을 수 있다. 비가 올 때, 빗물을 받아 정원에 이용하는 것이다. 물도 절약하며 친환경 수법으로 정원을 가꾸는 모습이 부럽다. 하지만 우리나라 기후에는 쉽지 않은 일이다.

이곳 독일의 강수량은 연간 800~900mm이지만 이를 12개월로 나누고 4주로 나누어도 될 만큼 일 년 내내 고르게 비가 내린다. 하지만 우리나라는 연간 강수량 1,200~1,300mm로 독일에 비해 1.5배 정도가 되어도 6~7월 장마철에 반 이상이 내리기 때문에 빗물을 저장하여 사용하는데 어려움이 있다.

헤세는 이곳에서 처음으로 정원을 갖게 되었으며 직접 밤나무, 배나무, 채소원, 장미원이 있는 정원을 가꾸기 시작하였다. 그는 정원수를 가꿀 뿐 아니라, 관리사의 아들과 정원에 작은 길을 내고 화단을 조성하는 등 진정한 정원 디자이너이자 정원사이었다.

주택은 보덴 호수가 내려다보이는 곳에 있으며 남쪽으로 정원이 있고, 경사진 아래쪽으로 포도밭이 호수까지 펼쳐진다. 호수의 전경이 한 눈에 들어온다.

정원은 잔디가 시원스럽게 깔린 것이 아니라 블루베리, 힌베리 등 열매를 먹을 수 있는 유실수와 장미, 모란 등 꽃 피는 관목들로 가득하다. 화단 중간에 우물이 있다. 지금은 사용하고 있지 않은 듯하다. 정원에는 두 군데 작은 쉼터가 있다. 아마 정원 일을 하다가 땀을 식히는 곳인 듯하다. 작은 쉼터 옆에는 우리에게 익숙한 한련화가 한창이다.

　화단을 둘러보다, 정원 투어를 온 무리와 섞이게 되었다. 다행히 독일어는 귀동냥이 가능한 언어라 듣게 되었다. 정원 해설사는 헤세가 좋아한 화훼류와 그가 심은 보리수나무에 대해 설명하다가 헤세의 정원에 대한 생각도 소개한다. 헤세가 정원을 가꾸면서 느낀 점을 수필 형식으로 쓴 〈정원 일의 즐거움〉이라는 책에 나오는 구절이다.

> 정원 가꾸기는 자연의 위대함을 분석하는 것이 아니라
> 자연의 위대함 속에서 '작지만 소중한 나의 세계'를 가꾸어 나가는
> 일상 속의 철학이자 자연 속의 예술이다.'
> -Hermann Hesse-

　이곳은 헤세가 가꾸었던 정원을 최대한 복원하여 유지하고 있을 뿐만 아니라 정원에서 느낄 수 있는 자연에 대한 그의 생각을 담고 있다. 그리고 인간 내면의 세계를 탐구하는 헤세의 철학을 함께 전하고 있는 것 같다.

### Förderverein Hermann-Hesse-Haus und -Garten e.V

Hermann-Hesse-Weg 2, 78343 Gaienhofen, Germany
www.hermann-hesse-haus.de

그리고 나는 헤세가 그린 그림을 좋아한다. 그는 스위스 남부 티치노주에 있는 몬타뇰라(Montagnola)에 살고 있을 때 많은 그림을 그렸다. 나는 이탈리아 밀라노의 말펜사 공항에서 78킬로미터 떨어진 그곳으로 갔다. 이곳은 이탈리아와 접경 지역이라 스위스 취리히에서 알프스를 넘어오는 것보다 밀라노에서 오는 것이 더 수월하다.

오는 길에 멀리 눈 덮인 알프스가 보이고 루가노(Lugano)호숫가 언덕으로 붉은색 지붕들이 차곡차곡 쌓여 있다. 꼬불꼬불한 언덕길을 오르면 헤르만 헤세 박물관(Museo Hermann Hesse)이 나온다.

헤르만 헤세는 1919년 마흔두 살에 저택 카사 카무치(Casa Camuzzi)의 방 4개를 임대하여 이곳으로 이사 왔다. 그리고 1997년 7월 그의 120번째 생일에 개인 후원자들과 헤세의 둘째 아들 하이너 헤세(Heiner Hesse)의 노력으로 저택의 일부인 카무치 탑(Torre Camuzzi)이 박물관이 되었다. 이곳은 작지만 그가 몬타뇰라에서 보낸 마지막 43년에 대한 귀중한 자료들을 소장하고 있다.

박물관은 탑처럼 좁고 긴 3층 건물이다. 건물 벽면에 헤세 사진이 걸려있고, 그 앞에는 오래된 플라타너스 2그루가 웅장하게 서 있다. 안으로 들어서니 곧바로 헤세의 책과 그림을 파는 작은 기념품점이다.

    2층으로 올라가면 전체가 노란색 방이다. 큰 창문 앞에 헤세의 타자기가 놓인 책상이 있고 벽에 초판본 책들, 사진 그리고 그의 그림들이 전시되어 있다.

    그의 그림은 담백하다. 헤세는 가이엔호펜에서도 간간이 그림을 그렸지만 몬타뇰라에 와서 심리적 상처를 치유하기 위해 많은 그림을 그렸다. 그는 마을을 산책하며 너울너울 겹치는 산과 호수, 언덕에 자리 잡은 아담한 집들 그리고 그가 좋아하는 꽃과 나무들을 그렸다.

    나는 루가노 호수 건너 박물관 반대편 기슭에 있는 숙소에서 일주일을 지냈는데 그의 그림에는 내가 머물고 있던 마을의 호젓한 풍경이 그대로 담겨 있었다.

    박물관을 나오면서 나는 그림이 많이 담긴 그의 시집을 한권 샀다. 그리고 나는 가까운 곳에 있는 교회로 향한다. 교회 옆, 공원묘지(Cimitero di S. Abbondio)에 헤세가 잠들어 있다.

### Museo Hermann Hesse Montagnola

Ra Cürta 2, 6926 Montagnola, Switzerland
http://www.hessemontagnola.ch

# 책 마을 *Book Village*

어느 날, 위 마을에 사시는 이 선생님이 상의할 일이 있다고 들르시겠단다. 나는 그분과 어떤 공통분모도 없는지라 약간 긴장되었다. 이야기인즉슨 선생님 댁에 커다란 창고가 있는데, 주로 교수이셨던 친구분들이 은퇴 하면서 연구실에 있던 책들을 그곳에 가져다 놓았단다. 그리고 시간 나는 대로 와서 정리하겠다고 하였지만 아직 책 정리를 한 친구는 한 분도 없단다. 그리고 하시는 말씀이 이 책을 다 풀어 우리 마을을 책 마을로 만들 방법이 없겠느냐는 것이다.

책 마을이라는 곳이 있다는 것은 들어 봤지만 직접 가 보진 못했었다. 이번에 영국을 방문할 기회가 있어 헤이온와이(Hay-on-Wye)라는 책 마을을 찾아갔다. 이곳은 웨일스 지방이고 런던에서 북서쪽으로 240킬로미터 정도 떨어진 전원풍의 작은 마을이다. 마을 옆으로 와이(Wye) 강이 흐른다. 이 강은 웨일스 중부에서 시작하여 브리스틀 해협으로 흐른다..

이곳 책 마을은 리처드 부스(Richard Booth)가 만들었다. 그는 이 마을에서 태어나 옥스포드 대학에서 공부하였다. 그는 고향 마을에 젊은이들이 떠나면서 점점 마을이 쇠퇴해지는 것을 안타깝게 생각하고 있었다. 그러다 그는 인근의 토지를 삼촌으로부터 유산으로 받게 된다. 부스는 헤이온와이로 돌아와 옛 소방서 자리에 중고서점을 차리고 희귀서적과 고서적을 모으기 시작하였다. 그리고 1962년 리처드 부스는 마을에 있는 헤이성(Hay Castle)을 사들여 헌책방을 확장하였다. 이 독특한 책방은 소문이 나고 책을 좋아하는 사람들과 관광객들이 모이기 시작하였다. 마을 사람들도 그를 따라 헌책방을 열었고 마을에 식당이나 숙소도 늘어나게 되었다.

인구 1천300명밖에 안 되는 작은 마을에 30개가 넘는 헌책방이 생겼다. 그리고 헤이온와이는 세계적으로 유명한 책 마을이 되었다. 이곳을 시작으로 벨기에 플랑드르의 담, 프랑스 부르고뉴의 퀴즈리, 독일 브란덴부르크의 븐스도르프, 스위스 발레의 생피에르 드 클라주 등 유럽 여러 나라에 책 마을이 생겼다.

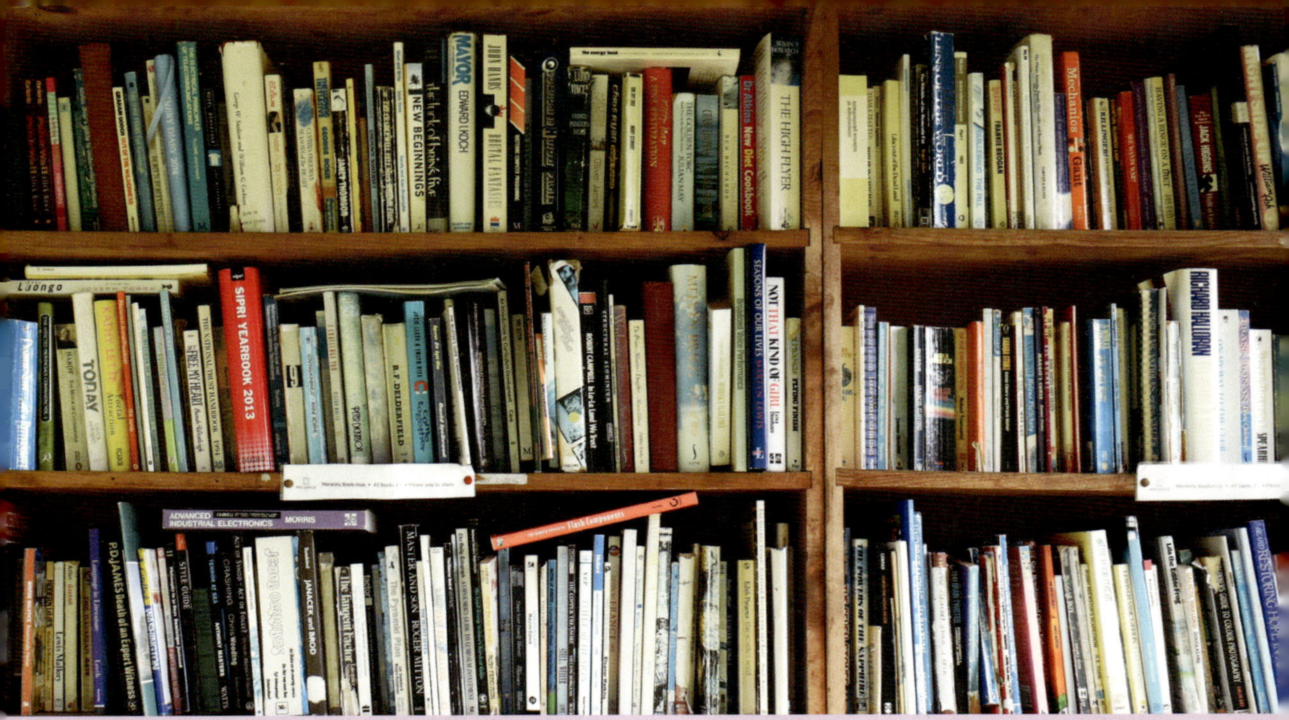
SIPRI YEARBOOK 2013
NOT THAT KIND OF GIRL
RICHARD HALLORAN
THE HIGH FLYER
NEW BEGINNINGS
ADVANCED INDUSTRIAL ELECTRONICS
MORRIS
MASTER AND SON
ROGER MILTON

HAY CASTLE
HONESTY BOOKSHOP
PLEASE PAY IN RED BOX
BOOKS £1 EACH

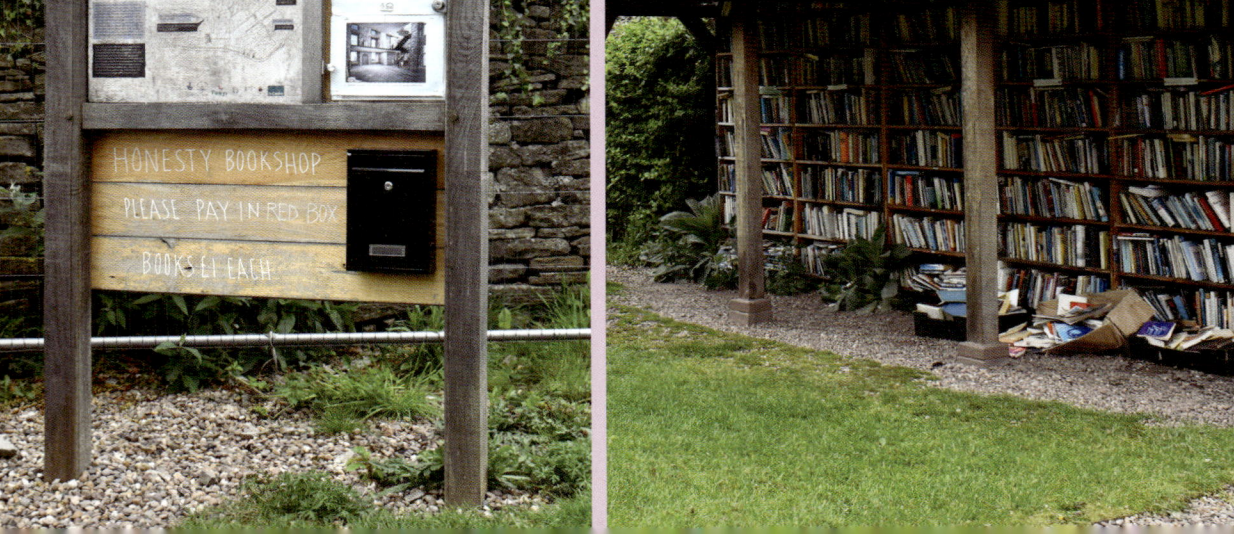

부스는 이 책 마을에서 영국인답게 재치와 위트를 발휘한다. 1977년 4월 1일, 그는 헤이온와이를 독립왕국으로 선언한다. 마침 그날은 April Fools' Day인 만우절이다. 자신은 왕이 되고 그의 말을 총리로 임명한다. 화폐와 여권을 발행하는 등 하나의 국가 체제(?)를 갖춘다. 합법적이지는 않겠지만 그의 자유롭고 대담한 상상력은 많은 사람들을 즐겁게 하였다. 그는 오래된 마을을 무대로 삼고 주민과 관광객을 배우로 출연시키는 끝나지 않는 연극을 연출하고 있는 듯하다. 게다가 영국 정부는 아직 그를 반역자로 체포하지 않고 있다.

마을에 들어서니 깔끔하고 예스러운 분위기이다. 그리고 어딘지 모르지만 중고서점에서 나는 오래된 인쇄잉크 냄새가 나는 듯하다. 나는 일단 헤이 왕국에 도착했으니 입국 수속을 위해 헤이성으로 향했다. 그런데 아쉽게도 성은 보수 중이다. 성 안으로 들어갈 수는 없었지만 성벽을 따라 안쪽으로 조촐한 Honestly Bookshop은 열려 있었다. 책방은 성의 벽을 이용해 책장을 만들어 헌책들을 꽂아 놓고 간단한 지붕으로 비만 피할 수 있게 하였다. 그리고 작은 쪽지가 보인다. 책값은 한 권에 1파운드(1,500원) 또는 50펜스(750원)이고 지불 방법은 층계 앞에 있는 작은 통에 넣으라 한다. 보는 이는 없어도 책방 이름이 '정직한 책방'이니 이곳에서 책을 사는 사람들은 정직하게 책값을 지불할 듯하다. 그리고 나는 마을 이곳저곳에 있는 다양한 모습의 책방들을 구경하기 시작하였다.

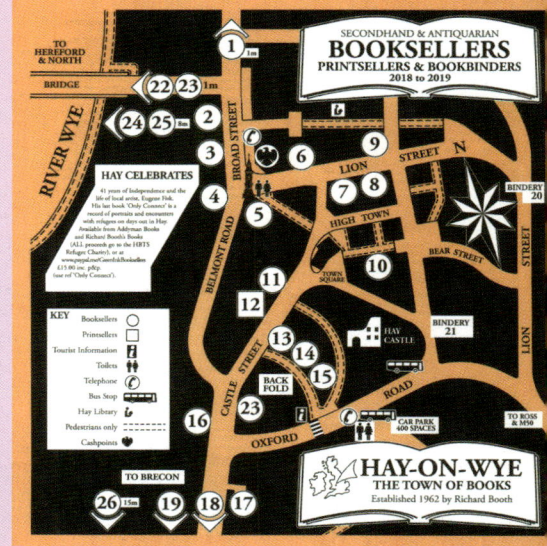

## 8. 셰익스피어

# *William Shakespeare*

### 소박한 듯 화려한 셰익스피어의 처가 정원

영국이 낳은 세계적인 극작가 윌리엄 셰익스피어의 생가와 박물관은 코츠월즈(Cotswolds) 지역의 스트랫퍼드어폰에이번(Stratford-upon-Avon)에 있다. 코츠월즈는 잉글랜드 중부에 위치하며 벽돌로 지어진 중세풍의 건물, 비옥한 초원, 아름다운 숲 그리고 나지막한 언덕으로 이어지는 전원 지역이다. 그중에 스트랫퍼드어폰에이번은 에이번강 상류에 자리 잡고 있는 아담한 마을이다. 런던에서 북서쪽으로 150km 정도 떨어져 있으며 기차를 이용하면 2시간 40분 정도 걸리는 곳이다.

　윌리엄 셰익스피어(William Shakespeare, 1564~1616)는 비교적 부유한 상인의 아들로 태어나 풍족한 소년 시절을 보냈다. 세월이 흐르면서 집안 형편이 기울어져 셰익스피어는 열네 살에 학교를 그만두어야 하였다. 그리고 그는 배우가 되고 싶어서 1588년 고향을 떠나 런던으로 갔다. 연극배우로 별다른 성공을 거두지 못했지만 셰익스피어는 연극 공부를 하면서 틈틈이 시와 희곡을 쓰기 시작하면서 성공하게 되었다. 대표 작품으로 〈로미오와 줄리엣〉, 〈베니스의 상인〉, 〈햄릿〉, 〈맥베스〉 등이 있으며 그의 작품 속에서 나오는 주인공들은 대부분이 인간의 성격을 표현하는 대표적인 인물이 되었다.

　마을로 들어서니 셰익스피어의 고향답게 마을 전체가 그의 이야기이다. 셰익스피어 생가, 딸 수잔나가 살았던 집, 셰익스피어가 세례를 받았으며 그의 묘지가 있는 홀리 트리니티 교회, 셰익스피어의 어머니가 결혼 전 살았던 메리 아덴의 농장, 그의 처가인 앤 해서웨이의 집(Anne Hathaway's cottage) 그리고 셰익스피어가 말년에 살았던 뉴 플레이스(Shakespeare's New Place)가 있다.

• 셰익스피어의 생가

　우선 나는 헨리 거리(Henley St,)에 있는 셰익스피어의 생가로 향했다. 1564년, 셰익스피어가 여덟 자녀 중 셋째로 태어난 곳이다. 그는 18세에 앤 해서웨이와 결혼한 후에도 부모와 함께 이곳에 살았으며 그의 세 자녀가 태어났다. 셰익스피어가 세상을 떠난 후, 손자가 살았으나, 그 후 여러 번 주인이 바뀌었다, 그리고 1847년 국가에서 이 집을 사들여 16세기 모습으로 복원한 뒤, 1863년 대중에게 공개하였다. 입구는 생가에 인접한 셰익스피어 센터를 통해 들어갈 수 있다.

생가는 회반죽과 목재 구조가 노출된 튜더 양식의 아담한 건물이다. 집 앞에 작은 화단이 있고 허브 식물과 회양목으로 자수화단을 만들었다. 그 당시에도 이런 모습이었을지 모르겠지만 오래된 생가를 더욱 차분하게 만든다. 1층에는 셰익스피어의 아버지가 운영했던 가죽 작업장이 재현되었고 2층에 셰익스피어가 태어난 침실이 있다. 안내를 하던 중세 복장을 한 여인이 나오는 길에도 살갑게 나를 배웅해 준다. 마치 나는 잠시 16세기에 있다가 현실로 나오는 기분이었다. 그리고 한편에서 셰익스피어 작품을 연극의 한 토막으로 공연하고 있다. 작은 야외무대이지만 젊은 배우의 우렁찬 목소리가 주위를 압도한다.

나는 그의 연기를 잠시 구경하다 잔디밭이 있는 정원 쪽으로 갔다. 정원은 잔디밭과 그 주변을 화단으로 간결하게 꾸몄다. 정원에 있는 식물들은 대부분 셰익스피어의 작품에 나오는 꽃과 나무들을 식재하였다고 한다. 길을 따라 진한 보라색 튤립과 여러 색의 리나리아 꽃이 긴 화단을 장식하고 있다.

그 끝에 노란색 띠를 두른 큼지막한 화분이 양쪽에 놓여 있다. 그의 이니셜이 새겨진 윌리엄 셰익스피어(WS) 화분이다. 아마 셰익스피어는 이렇게 자신의 이름을 새긴 화분이 제작되리라고는 상상도 못 했을 것이다. 그리고 그 화분에는 공처럼 동그란 꽃이 피는 알리움이 다음 차례를 기다리고 있다.

• 셰익스피어의 뉴 플레이스

나는 셰익스피어 생가를 나와 보행자 전용 거리를 500미터쯤 걸어서 채플 거리(22 Chapel St,)에 있는 셰익스피어의 뉴 플레이스로 향했다.

뉴 플레이스는 셰익스피어가 1597년 런던을 떠나 고향으로 돌아오면서 장만한 주택이다. 그는 그의 성공을 반영하듯이 엘리자베스 시대풍의 아름다운 정원과 과수원, 마구간이 딸린 큰 저택을 구입한다. 자료에 의하면 이 저택에는 벽난로가 10개가 있었는데, 이것은 방이 20~30개가 있다는 것을 의미한다고 한다.

그는 이곳에서 1616년 52세의 나이로 생을 마감할 때까지 그의 가족과 함께 19년 동안 살았다. 하지만 셰익스피어가 살았던 저택은 몇 번 주인이 바뀌면서 1759년에 철거되었고 지금은 부지만 남았다. 이 부지 바로 옆에 셰익스피어의 외손녀 엘리자베스가 토마스 내쉬(Thomas Nash)와 결혼하여 살던 저택이 있다. 이곳은 내쉬의 집(Nash's House)이라 불리며 현재의 박물관 건물로 이용하고 있다. 즉, 셰익스피어의 저택이 있던 부지와 내쉬의 집을 재구성하여 셰익스피어의 박물관인 뉴 플레이스가 되었다.

정원은 1차 세계대전 후, 어니스트 로(Ernest Law)가 설계하였으며 2016년 셰익스피어 서거 400주년을 기념하면서 재단의 수석 정원사인 글린 존스(Glyn Jones)가 재정비하였다. 현재 존스는 앤 해서웨이의 집, 메리 아덴의 농장, 셰익스피어 생가, 홀리 트리니티 교회를 포함한 5곳의 정원을 관리하고 있다.

나는 10여 년 전에 이곳에 왔었는데, 재정비 후, 다시 오게 되었다. 가장 크게 바뀐 것은 입구에 새로운 상징 조형물이 설치된 현대적인 정원이다. 이곳은 옛 건물이 있었던 장소로 상징적인 마당으로 새롭게 조성하였다.

마당 안에 셰익스피어의 의자와 책상이 청동으로 조각되었고 가운데 살아있는 나무에서 주조된 청동 나무와 커다란 구가 놓인 'His Mind's Eye'이라는 작품이

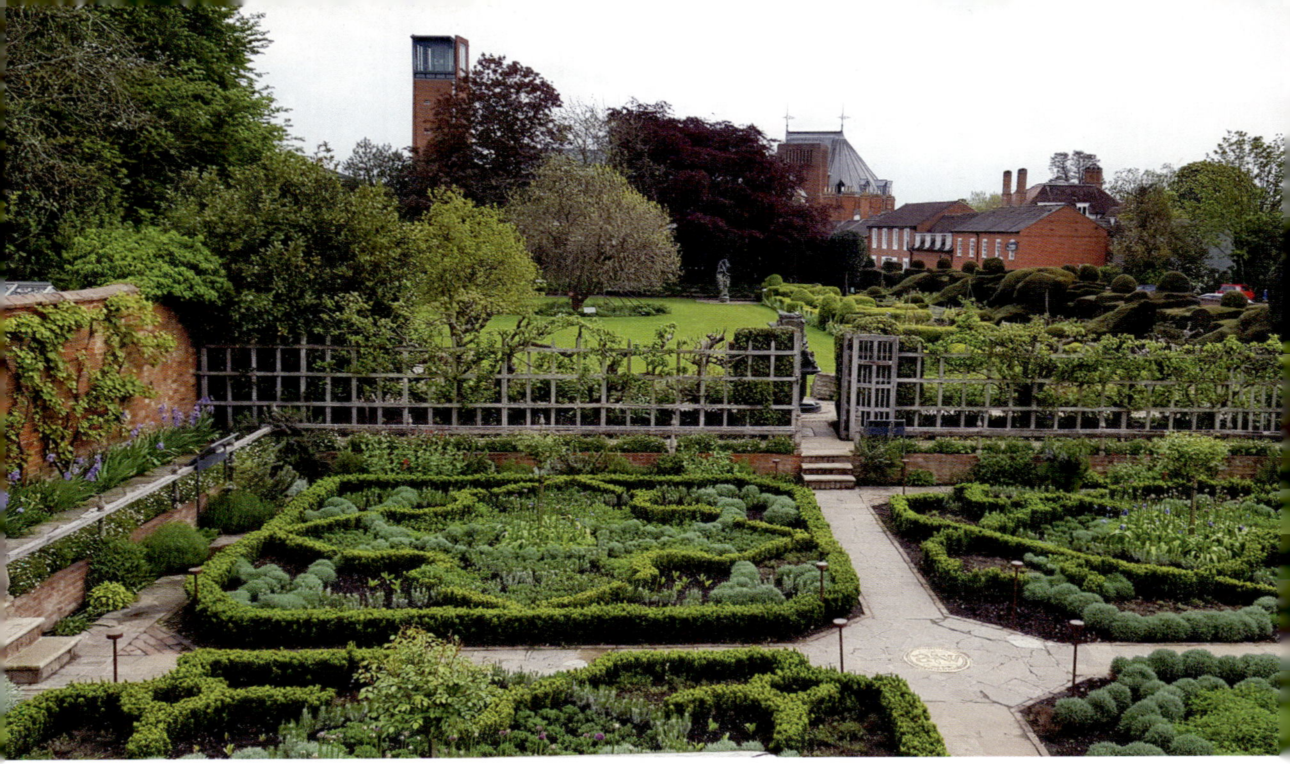

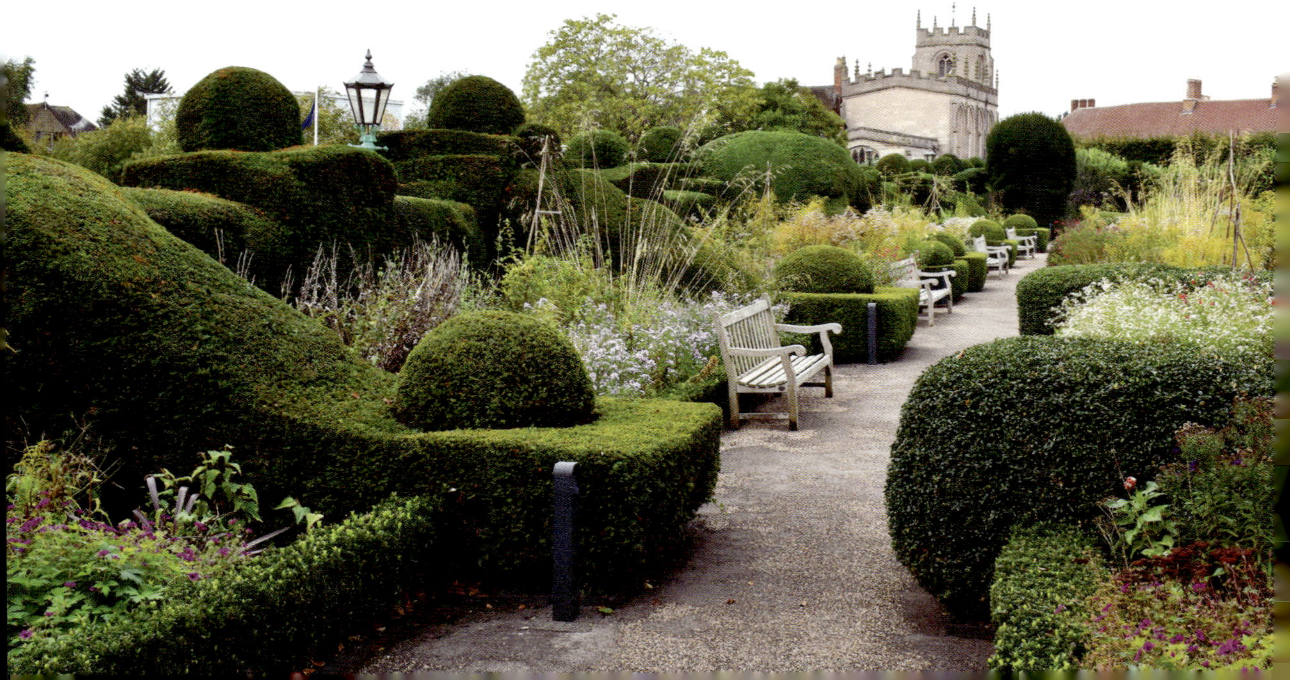

놓였다. 작품이 설치된 원형 마당 주위에는 긴 벤치가 원을 그리고 있고 그 뒤에 키 큰 서어나무를 같은 간격으로 심어 큰 생울타리를 만들고 있다.

이 마당 안쪽으로 정원은 크게 두 구역으로 나누어진다. 썬큰 노트 가든(The sunken Knot Garden)과 넓은 그레이트 가든(The Great Garden)이다.

썬큰 노트 가든에서 노트 가든이란 키 작은 식물을 이용하여 매듭 무늬 장식을 넣은 정원이다. 노트 가든은 매듭 화단이라고도 하며 중세정원에서 시작되어 영국에서 크게 유행하였다. 그리고 '썬큰'은 정원 전체를 지상에서 몇 단 아래 조성하여 한눈에 정원을 감상할 수 있게 조성하는 구조이다.

썬큰 노트 가든에 타임, 히솝, 라벤더, 오레가노 등 허브 식물이 화단의 문양을 채우고 있다. 붉은 벽돌로 쌓은 한 쪽 담에 오래된 무화과나무가 벽면을 덮으며 붙어 있다. 사계절 변하며 살아 있는 한 폭의 그림이다. 반대쪽으로 긴 회랑 형식의 아치형 트렐리스가 있어 오래된 뽕나무 가지와 잎이 진한 그늘을 만들고 있다. 그 길을 따라 들어가면 그레이트 가든이 나온다.

그레이트 가든은 넓은 잔디밭과 긴 화단으로 되어 있다. 긴 화단은 웅장한 주목 토피어리가 구획을 나누고 그 사이에 화단을 두어 꽃을 심었다. 군데군데 긴 등받이 의자가 있고 몽실몽실하게 다듬은 토피어리가 마치 쿠션처럼 감싸준다.

그 넘어 잔디밭 주변에 셰익스피어 작품을 표현하는 청동 조각상들이 있다. 2005년, 조각가 그렉 와이엇(Greg Wyatt)이 제작하였으며 '템페스트', '리어 왕', '햄릿', '한여름 밤의 꿈' 등 아홉 개의 조각이 설치되어 있다.

• 앤 해서웨이의 코티지

　뉴 플레이스를 둘러보고 나는 앤 해서웨이의 집(Anne Hathaway's cottage)으로 향했다. 이곳은 시내 중심부에서 1.8킬로미터 정도 떨어진 곳이다. 시간 여유가 있다면 마을길을 따라 걸으며 코츠월즈의 고풍스러운 시골길을 즐길 수 있다. 앤 해서웨이의 정원은 특별히 정원 마니아들에게 인기가 많은 곳이다.

　셰익스피어는 18세에 여덟 살 연상의 연인이었던 앤 해서웨이와 결혼한다. 그녀가 결혼하기 전까지 살았던 집에 아름다운 정원이 남아있다. 이 정원은 아직도 옛 모습을 그대로 보전하고 있으며 지금 영국의 정원 양식인 〈English Flower Garden〉또는 코티지 가든(Cottage Garden)을 대표하는 정원이다.

　코티지(cottage)란 소작인들이 사는 작은 시골집이었다. 큰 토지를 갖고 있는 농장 주인이 사는 팜 하우스(Farm House)와 달리 거의 농토가 없는 가난한 농민들이 사는 작은 집이었다. 대부분 단층집이며 다락방이 있어 그곳에 침실을 두기도 한다. 그리고 코티지 가든은 이 집에 딸린 작은 정원을 말한다.

　코티지 가든의 기원은 문헌에는 나오지 않으나 역사학자들은 1340년대 흑사병이 유럽 대륙과 영국을 휩쓸었을 때, 사람들은 이 전염병을 예방하거나 퇴치하는 방법으로 집 주위에 향기 나는 식물을 심기 시작한 것으로 추론하고 있다. 그리고 당시 농민들은 코티지 주변에 감자, 콩 그리고 과실수 등을 심어 부족한 식량을 충당할 수 있는 작은 텃밭도 함께 조성하였다.

　그 후 20세기 초, 주택 정원이 발전하면서 이런 정원의 모습은 비타 색빌 웨스트의 시씽 허스트 정원과 로렌스 죤스톤의 히드코트 매너에 화려하고 세련되게 적용되면서 영국인들이 사랑하는 초화류 중심의 정원 양식으로 자리 잡게 된다.

　화단에는 매발톱, 고광나무, 앵초, 병꽃나무, 아네모네 등을 심었으며 대문 위에 설치한 아치나 현관 주위에 등나무와 덩굴장미를 올렸다.

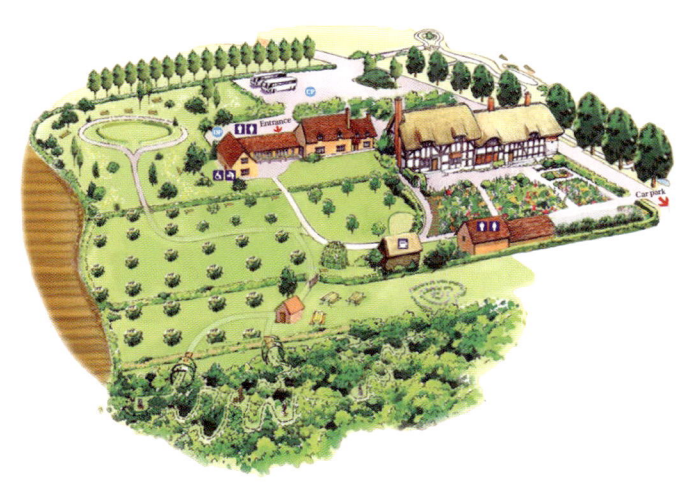

코티지 가든의 특징은 다년초를 자연스럽게 혼합 식재한 화단, 목재로 만든 울타리 또는 생울타리, 작고 낮은 대문 그리고 포장은 그 지방에서 생산되는 돌이나 자갈을 깔았다. 그리고 정원 시설물인 파고라, 의자 및 테이블은 통나무나 자연 소재로 만들어 소박하고 따뜻한 분위기를 만든다.

앤 해서웨이의 코티지에 도착하니, 길가에 산사나무가 두텁게 생울타리를 만들고 있다. 코티지는 건초를 이어 덮은 두툼한 초가지붕과 목재 골조가 노출되어 소박하고 포근해 보인다. 안으로 들어가니 당시의 모습으로 복원된 가구, 벽의 장식, 부엌의 조리기구 등 16~17세기 생활양식을 깔끔하게 재현해 놓았다.

정원으로 나왔다. 잔디밭은 없고 통로를 제외하고 정원 전체가 화단이다. 허브 식물을 키우는 채소밭과 다년초로 혼합 식재한 화단이 어우러져 있다.

정원의 길은 부정형의 판석으로 자연스럽게 포장되어 있다. 화단 끝에서 서너 단을 오르면 테라스가 있다. 주변은 장미 덩굴이 올라가고 그 위로 산사나무가 자리 잡았다. 테라스에는 살아 있는 버드나무 가지로 엮은 아늑한 그늘시렁이

있다. 그 아래 앉으니 눈앞에 정원과 코티지가 어우러져 그림같이 아름답다. 그리고 옆으로 관리사가 있으며 그 뒤로 넓은 과수원과 작은 숲이 펼쳐진다. 앤 해서웨이의 코티지 가든은 소박한 듯 화려한 모습이다.

    셰익스피어의 마을, 스트랫퍼드어폰에이번에는 매년 100만 명 이상의 방문객이 다녀간다고 한다. 아마 많은 사람들이 이곳을 찾는 이유 중에 하나는 오랜 세월이 흘러도 셰익스피어가 우리에게 던진 "To be or not to be! That is the question."의 문제를 풀지 못해서 그 단서라도 찾으려는 것이 아닌가 생각해 본다.

### Shakespeare's Birthplace
Address : Henley St, Stratford-upon-Avon CV37 6QW, UK

### Shakespeare's New Place
Address : 22 Chapel Street, Stratford-upon-Avon, CV37 6EP, UK

### Anne Hathaway's cottage
Address : 22 Cottage Ln, Shottery, Stratford-upon-Avon CV37 9HH, UK
H-page : www.shakespeare.org.uk

## 9. 모리스

# *William Morris*

### 정원에서 모리스의 문양을 찾다

윌리엄 모리스는 미술관에 있던 예술을 생활 속으로 끌어들인 사람이다. 나는 그가 살았던 런던에 있는 레드 하우스(Red House)와 코츠월즈에 있는 켈름스코트 매너(Kelmscott Manor)를 방문하였다. 시간 여유가 있어 가는 길에 코츠월즈에서 유명한 바이버리(Bibury) 마을을 잠시 들렸다. 그런데 우연히도 마을 안내판에 윌리엄 모리스가 이곳을 가장 아름다운 마을이라 했다고 쓰여 있다. 마을을 둘러보니 고풍스럽고 아기자기한 모습이 마치 그의 텍스타일 디자인 문양과 뭔가가 닮은 듯하다.

윌리엄 모리스(William Morris, 1834~1896)는 디자이너, 문인 그리고 사회운동가였으며 영국에서 일어난 미술공예운동(Art and Craft Movement)을 주도한 사람이다. 18세기 말, 영국에서 시작한 산업혁명은 공업화의 발전으로 이어져 많은 제품들이 기계로 대량 생산되었다. 모리스는 이러한 공산품들이 생활 속 아름다움을 퇴색하게 한다고 생각하였다. 그리고 그는 벽지, 벽화, 스테인드글라스, 가구 등의 제품에 수공업이 지니는 아름다움을 회복시켜야 한다고 주장한다.

모리스의 이러한 주장은 1860년대부터 시작하여 건축가와 공예가들의 큰 호응을 받게 된다. 그리고 그는 모리스 앤드 컴퍼니(Morris & Co.)라는 회사를 설립하여 장인들이 손수 제작한 소박한 가구와 이에 어울리는 벽지, 쿠션, 커튼 등을 생산하였다. 모리스의 미술공예운동은 미술관에 있었던 예술을 디자인이란 개념으로 생활 속에 담아내는 고유한 분야를 만들어 냈다.

이러한 모리스의 미술공예운동은 정원 분야에도 영향을 주었다. 영국의 거투르드 지킬(Gertrude Jekyll)은 화단에 문양과 색깔을 넣어 정원에 새로운 식재 기법을 제시하였다. 지킬은 여러 식물을 섞어 심거나 초본류의 꽃 색을 강조하였으며 계절, 색, 형태, 향기 등을 고려하여 정원에 다양한 연출을 하게 된다.

나는 바이버리를 둘러보고 켈름스코트 마을로 갔다. 이곳에는 모리스가 1871년 여름 별장으로 장만하여 25년 동안 지낸 저택, 켈름스코트 매너(Kelmscott Manor)가 있다. 도착하니, 마을 어귀에 주차를 하게 한다. 10분쯤 마을을 걸어 들어가는데 고즈넉한 자연과 15세기의 농촌 마을의 모습이 그대로 어우러져 있다. 마을은 자연과 조화를 이루며 사는 생태적인 삶을 추구하던 모리스의 생각을 담아내고 있는 듯하다.

도착해보니 저택은 연한 아이보리 색의 석회암으로 지은 돌집이다. 모리스는 오래된 작은 시골집의 구조가 진정한 집의 원형이라 말하며 이곳을 '지상의 천국(heaven on earth)'이라 불렀다고 한다. 그는 이곳의 생활이 얼마나 따뜻하고 평온한지를 〈켈름스코트의 침대에서 ('for the bed at Kelmscott')〉라는 시로 남겼다. 그의 시 중 일부를 그의 딸 메이가 디자인하고 수를 놓아 지금도 그의 침대 위 커튼 덮개를 장식하고 있다.

정원으로 나오니 실내에서 보았던 벽지와 패브릭에 담겨 있던 문양이 정원에 있다. 그의 문양에 나오는 버드나무 잎, 패랭이꽃, 연보라색 꽃의 까마시아 등 들판에서 자라는 식물들이다. 그리고 포도 덩굴로 덮인 퍼걸러가 있고 정원의 한쪽 모퉁이에 서머 하우스가 저택을 에워싸는 돌담과 연결 되어 있다.

돌담을 따라 걸었다. 담 사이에 작은 통로가 있고 밖으로 나가니 드넓은 농원이 펼쳐진다. 일부는 주차장으로 사용되고 넓은 초지에 크고 우람한 나무가 있다. 뽕나무의 일종인 블랙 멀베리나무가 넓은 그늘을 만들고 있다. 그 옆에 오래된 창고가 주변 풍광과 어우러져 한 폭의 그림이다. 창고 앞에 긴 의자가 있어 나도 그 그림으로 들어가 잠시 정오의 햇살을 즐겼다.

Kelmscott Manor
Address : Kelmscott, Lechlade GL7 3HJ, UK
H-Page : www.sal.org.uk

For the Bed at Kelmscott
by William Morris

The wind's on the wold
And the night is a-cold,
And Thames runs chill
Twixt mead and hill,
But kind and dear
Is the old house here,
And my heart is warm
Midst winter's harm.
Rest then and rest,
And think of the best
Twixt summer and spring
When all birds sing
In the town of the tree,
As ye lie in me
And scarce dare move
Lest earth and its love
Should fade away
Ere the full of the day.
I am old and have seen
Many things that have been,
Both grief and peace,
And wane and increase.
No tale I tell
Of ill or well,
But this I say,
Night treadeth on day,
And for worst and best
Right good is rest.

나오는 길에 이곳에서 점심을 먹었다. 헛간 두 채를 기념품점, 티 하우스 그리고 카페테리아로 이용하고 있다. 나는 영국에 오면 주로 점심에 재킷 포테이토를 즐겨 먹는다. 이 음식은 어른 주먹 두 개 만 한 크기의 감자를 통으로 구워 절반쯤 가른 후, 안쪽에 버터를 바르고 그 사이에 다양한 재료를 샌드위치처럼 끼워 넣은 것이다. 이름처럼 감자의 노란 속살에 구운 껍질이 정녕 재킷을 입고 있는 듯하다. 나는 새우 넣은 것을 주문했다. 모리스의 버드나무 문양이 있는 쟁반에 담겨 나온 재킷 포테이토는 따뜻하고 맛있었다.

나는 켈름스코트 매너를 떠나 오후에 런던 동부에 있는 레드 하우스(Red House)로 향했다. 이곳은 모리스 부부의 신혼집으로 1860년부터 1865년까지 5년 동안 살았던 집이다. 건축 설계는 필립 웨브(Philip Webb), 창문의 스테인드글라스와 벽화, 가구 등은 단테 가브리엘 로제티(Dante Gabriel Rossetti), 생활 도기들은 윌리엄 드 모건(William De Morgan) 그리고 모리스는 벽지를 제작하였다. 즉, 미술공예운동을 함께한 동료들이 총동원되어 만든 주택이다.

주택은 일반 주택가에 있으며 인도를 따라 붉은 벽돌로 쌓은 담과 문주를 세운 평범한 모습이다. 안으로 들어서니 화사한 진분홍 꽃이 높게 파란 하늘에 문양을 만들고 있다. 키가 큰 박태기나무이다.

이 나무는 봄에 잎이 나오기 전에 꽃이 피지만 늦은 봄이라 잎이 듬성듬성 함께 있다. 박태기나무는 2~3미터 자라는 관목이다. 관목은 철쭉처럼 지면에서 여러 개의 줄기가 나오는 나무이다. 그래서 소나무나 은행나무같이 하나의 줄기로 자라는 교목보다 일반적으로 키가 작다. 이곳의 박태기나무는 키가 2층 집을 넘어선다. 줄기는 여러 개로 높고 호리호리하다. 그 나무 주위를 원형의 등 벤치가 둘러쌓고 있다. 벤치는 흰색으로 상큼하게 보인다.

우선 나는 방문객 접수처로 가야 한다. 예전에는 창고로 쓰였을 것 같은 별채에 있다. 이곳은 30분에 한 그룹씩 안내인의 설명을 들으며 주택 내부를 둘러볼 수 있다.

레드 하우스는 고딕 양식의 뾰족한 지붕, 붉은 벽돌로 치장한 외관으로 간결한 구조이다. 주택 안으로 들어가면 곳곳에 벽화, 수납장, 의자 등 장인들이 만든 작품들이 원래 있던 그 자리에 자연스럽게 배치되어 있다.

일반적인 박물관에서는 전시대나 유리 안에 전시되었을 것들이다. 재미있는 것은 의자의 앉는 면 위에 큼지막한 솔방울이 올려 있다. 혹시 방문객이 무심코 작품인 의자에 앉을 수 있어서 미리 조치한 듯하다.

그리고 복도에 있는 창문은 스테인드글라스로 화려하게 장식되었다. 유리창은 격자로 틀을 만들어 그가 다자인한 다양한 꽃문양을 제작하여 하나씩 넣었다.

그중에 'Si Je Puis'라고 글귀가 보인다. 안내인에게 물으니 프랑스어이며 영어로 'If I can(내가 할 수 있다면)'이라고 한다. 그의 의지를 보여주는 글이다. 영국의 미술공예운동을 주도한 모리스의 열정을 대변하는 것 같다.

정원은 안내인 없이 각자 자유롭게 관람한다. 먼저 주택 앞에 원뿔 모양의 지붕이 있는 우물이 있다. 지금은 사용하지 않지만 건물과 잘 어울린다. 정원은 넓지 않았으나 오솔길이 잔디밭의 외곽으로 한 바퀴 돌 수 있다. 길 옆으로 풍성한 화단이 있으며 화려하지는 않지만 차분한 분위기이다. 이곳도 켈름스코트 매너처럼 포도 덩굴을 올린 퍼걸러가 정원의 길을 안내한다.

주택 옆으로 비교적 넓은 텃밭과 온실 그리고 아담한 창고가 자리를 잡았다. 텃밭은 정원 규모에 비해 넓었으며 모리스가 직접 채소를 가꾸었던 것 같다. 여기서도 생태적인 삶을 추구하던 모리스의 생각을 보여 주는 듯하다.

### Red House

Address : Red House Ln, London DA6 8JF, UK
H-Page : www.nationaltrust.org.uk

## 10. 쇼

# *Bernard Shaw*

### 재치와 해학이 담긴 집필실 '런던'

런던에서 북쪽으로 70킬로미터쯤 떨어진 아욧 세인트 로렌스(Ayot St Lawrence)에 쇼가 살았던 집이 있다. 집을 찾아 들어가는 길은 밭 사이로 구불구불한 좁은 외길이다. 반대편에서 차가 오면 한쪽 바퀴를 길가의 덤불 위로 걸쳐야 한다. 주차장은 20대 정도 세울 수 있는 면적이며 매표소도 함께 있다. 주차 관리인은 나의 짧은 토막 영어와 렌터카를 보더니 멀리서 찾아온 것을 짐작하며 작가냐고 묻는다. 나는 차마 버나드 쇼의 집에서 글을 쓰는 사람이라고 말하기 민망하여 그냥 미소만 지었다.

버나드 쇼(George Bernard Shaw, 1856~1950)는 아일랜드 태생으로 셰익스피어 이후 가장 위대한 극작가로 불린다. 그는 평생 60여 편의 희곡을 썼으며 〈피그말리온(Pygmalion, 1912년)〉은 1938년에 〈마이 페어 레이디〉라는 영화로 만들어져 아카데미 희곡상을 수상하였다. 또한 '성녀 조안(1923년)'으로 1925년에 노벨문학상을 받았다. 이 두 개의 상을 함께 받은 이는 아직까지 버나드 쇼뿐이라 한다.

그가 살았던 집을 쇼스 코너(Shaw's Corner)라 부른다. 집은 붉은 벽돌로 지은 아담한 이층집이다. 버나드 쇼는 그의 아내와 1906년 이곳으로 이사 왔다. 그리고 그는 이곳에서 1950년 94세로 세상을 떠날 때까지 44년을 살았다.

쇼 부부는 조용한 전원마을을 좋아했으며 정원 가꾸기를 즐겼다. 그들은 영국의 정원 디자이너 거트루르 지킬의 〈작은 시골집을 위한 정원〉이란 책을 참고하여 정원을 꾸몄다고 한다.

정원의 전체 면적은 1920년에 인근 부지를 매입하면서 14,000㎡(4,200여평)가 되었다. 초지, 장미원, 화단, 텃밭 그리고 넓은 잔디밭이 있다.

나는 주차장에 도착하여 입장권을 사려고 두리번거렸다. 건물 앞에 있던 여인이 웃으면 자신을 따라 들어오라는 손짓을 한다. 그곳은 한쪽이 매표소이고 다른 한쪽은 기념품점이다. 단아한 건물이 있다. 직원도 각각 한 명씩이다.

대문을 들어서면 주택이 먼저 나오지만 나는 늘 그러하듯이 정원을 먼저 둘러본다. 주택 모퉁이를 돌아 정원으로 향했다. 한눈에 멀리까지 하트퍼드셔의 전원지대가 시원스럽게 펼쳐진다.

넓은 잔디밭에 깔개를 깔고 여기저기 젊은이들이 누어서 책을 읽고 있다. 더러는 얼굴에 책을 덮고 잠이 든 듯하다. 그들이 버나드 쇼의 책을 읽고 있는지는 모르겠지만 이 정원과 어울린다. 그들은 나처럼 버너드 쇼의 집을 둘러보러 온 것이 아니고 책을 들고 여유롭게 한나절을 쉬러 온 모습이다.

그리고 잔디밭 아래쪽으로 화단이 있다. 보라색 알리움 꽃과 흰색 우단동자꽃이 넉넉하게 피어 있다. 그 사이로 부모를 따라온 아이들이 뛰어다니고 있다.

주택의 오른쪽으로 걸어가니 정갈한 텃밭이 나온다. 촘촘하게 심어 놓은 생울타리는 아마 주변에 사는 동물들의 침입을 막으려 함인 것 같다.

텃밭에서 나이 드신 부인이 흙을 정리하고 계신다. 무슨 일을 하시고 계시냐 물으니, 가을에 수확할 작물을 심기 위하여 밭을 정리하고 계신단다. 나에게 방문 목적을 물으시어, 이 정원에 대해 책을 쓰고 있다고 하였다. 궁금한 것이 있으면 언제든지 메일을 보내라 하신다. 그리고 내가 건넨 메모지에 이메일 주소를 적어 주신다. 멋쟁이 할머니이시다.

텃밭을 지나니 숲으로 들어가는 길이다. 주변이 갑자기 키 큰 나무로 울창하다. 마치 깊은 산속으로 들어온 느낌이다. 숲길은 다시 주택 쪽으로 연결된다. 잔디밭 주위의 화단에 줄기가 꼿꼿한 알리움(Allium cristophii) 꽃이 한창이다. 보라색 둥근 꽃은 하얀 파 꽃이나 마늘 꽃을 닮았다. 사실 이들은 친척 관계이다. 파(Allium fistulosum), 마늘(Allium sativum), 부추(Allium tuberosum)의 학명(學名)이 모두 알리움으로 시작한다. 학명은 학술적 편의를 위하여 모든 식물에 붙이는 세계 공용의 이름이다. 스웨덴의 식물학자 린네(Linné)가 창안한 것으로 식물을 분류하기 쉽게 앞에 속명(屬名)을 쓰고 더 세분하여 그 뒤에 종명(種名)을 쓴다. 화단에 있는 알리움의 이름은 속명이지만 일반 명칭으로 쓰고 있다.

화단을 지나 숲길을 좀 더 걸으니 끝자락에 호젓하게 작은 오두막이 있다. 쇼의 집필실이다. 규모는 주차장의 관리소보다도 작은 $6m^2$ 정도이며 가볍게 나무판자로 만들었다. 오두막은 원형의 궤도가 깔린 시멘트 바닥 위에 올려 있고 지붕은 튼튼한 철 기둥에 연결되어 있다. 그 기둥을 중심축으로 오두막을 통째로 회전 시킬 수 있다. 이동할 수는 없지만 모빌처럼 움직이는 오두막이다. 햇빛을 보기 힘든 영국 날씨에 오두막은 햇볕에 따라 돌릴 수 있다.

버나드 쇼는 이 작은 오두막을 '런던(London)'이라고 불렀다. 그는 많은 시간 이곳에서 글을 썼다고 한다. 그리고 오두막에 있는 동안 불쑥 찾아와 그의 작업을 방해하거나 원치 않는 손님이 오면 '런던 가셨습니다.'라고 둘러대게 하였다고 한다. 사실 글을 쓰는 작업은 정원에서 풀을 뽑거나 느긋하게 산책하는 것과는 달리 중간에 끊어지면 계속하기 힘든 일이다. 글쓰기는 집중해야 할 때가 있으니 좋은 생각이다. 오두막과 집필실의 이름에서 쇼의 재치와 해학이 느껴진다.

그는 많은 사람들에게 극작가뿐만 아니라 위트 있는 글귀나 명언으로도 유명하다. 예를 들어 그의 묘비에 'I knew if I stayed around long enough, something like this would happen.'라고 쓰여 있다. '내 인생, 우물쭈물하다가 이렇게 끝날 줄 알았다.'라는 뜻으로 재미있게 의역되고 있다. 성철 스님도 이 글을 최고의 묘비명으로 꼽았다고 한다.

버나드 쇼는 정원에 대해서도 한 마디를 남겼다.

<blockquote>
The best place to find God is in a garden.<br>
You can dig for him there.<br>
신을 발견하기 가장 좋은 곳은 정원 안에 있다.<br>
거기서 땅을 일구며 그를 찾을 수 있다.<br>
- Bernard Shaw -
</blockquote>

내 생각에 '신' 대신 '즐거움'이나 '마음의 여유'를 넣어도 맞는 말일 것 같다.

## Shaw's Corner

Address : Bibbs Hall Ln, Ayot St Lawrence, Welwyn AL6 9BX, UK
H-Page : www.nationaltrust.org.uk

## 11. 샤토

# Beth Chatto

### 메마른 자갈밭에 담아낸 그림 같은 정원

나는 5월 하순 그녀의 정원을 방문할 예정이었고 가능하면 인터뷰를 하고 싶었다. 그래서 이메일을 보내려 그녀의 홈페이지에 들어갔다. 앗!, 그녀가 어제 돌아가셨다는 팝업 창이 뜬다. 그리고 나는 열흘 후, 런던에서 북동쪽으로 115킬로미터 정도 떨어진 에섹스(Essex) 주의 콜체스터(Colchester) 마을에 도착했다. 가는 길에 부슬부슬 늦은 봄비가 내린다. 입구에 방명록이 있다. 나는 정성껏 그녀의 명복을 비는 글귀를 남겼다. 한글로 썼지만 그녀는 이해하리라.

베스 샤토(Beth Chatto, 1923~2018)는 정원사, 정원 디자이너, 정원 작가로 유명한 베스 샤토 정원(The Beth Chatto Gardens)을 만들어 낸 여인이다. 그녀는 정원 가꾸기에 대한 진정성을 보여주며 영국 정원에 크나큰 영향력을 남겼다. 샤토는 1987년 원예가들의 최고 영광인 왕립원예협회의 빅토리아 명예훈장(VMH)을 받았으며 2002년 영국 왕실로부터 대영제국 훈장(OBE)을 수훈하였으니 정원 분야에 남긴 그녀의 업적을 충분히 짐작할 수 있다.

그녀는 94세에 돌아 가셨으며 58년 동안 자신의 경험과 지식을 베스 샤토 정원에 고스란히 남겨 놓았다. 이곳은 이제 세계 정원 역사에 남을 만한 가치 있는 정원이 되었으며 아름다운 정원을 만들고 싶은 많은 사람들이 방문하고 있다.

그녀의 정원 인생은 스무 살에 남편 앤드류 샤토를 만나면서 시작되었다. 출판사를 운영하는 남편은 식물의 자생지에 대해 관심이 많았다. 특히 지중해나 알프스의 토착식물을 연구하기 위하여 샤토 부부는 식물 여행을 자주 하였다. 그리고 그들은 1960년부터 갖고 있던 과수원에 작은 집을 짓고 주변에 관심 있는 식물들을 심기 시작하였다. 하지만 이곳은 연평균 강수량 500~600mm 정도로 영국에서도 대표적인 건조지역이다.

정원은 6000여 평 정도이지만 대부분의 땅이 메마르고 자갈로 덮여 있었으며 부분적으로 습지까지 있었다. 이러한 척박한 지역에서 그녀는 정원을 가꾸었으며 다양한 시도와 많은 실패를 거듭하면서 그 토질에 맞는 식물들을 찾아 나갔다. 그리고 주변에 야생으로 자라고 있는 식물들을 찾아 과감히 자신의 정원에 들여놓았다. 이전에는 정원에 식재하지 않았던 비비추, 엉겅퀴, 앵초 등이 그녀의 도움으로 이제는 정원 식물로 사랑받고 있다.

비는 멈추고 주변이 더욱 촉촉하니 생기가 넘쳐 보인다. 정원으로 들어가기 전, 모종 판매장과 카페테리아가 먼저 나온다.

그리고 그 앞으로 넓은 자갈밭에 경계 없이 화단이 조성되어 있다. 입장권을 사지 않아도 볼 수 있는 정원이다.

나는 이곳에서 다양한 혼합 식재를 구경하며 사진에 담느라 족히 30~40분을 보낸 것 같다. 혼합 식재란 식물의 크기, 색 그리고 꽃이 피는 시기 등을 고려하여 화단을 조성하는 것이다. 마치 캔버스에 그림물감으로 그림을 그리 듯 화단을 아름답게 연출하는 것이다.

정원을 들어서니 연못이 나오고 이번에는 물가의 혼합 식재를 볼 수 있다. 조금 전문적인 이야기이지만 혼합 식재는 정원 속의 예술이다. 정원사나 정원 디자이너에게 가장 어려운 일이지만 가장 매력적인 작업이기도 하다. 식물도 혼자 있어 아름다운 것과 무리 지어 아름다운 것이 있다. 그리고 몇 개의 무리들이 어우러져 더욱 아름다울 수 있다. 다양한 색의 꽃을 액센트로 그리고 비슷비슷한 초록색을 바탕으로 조합하자면 무한한 경우의 수가 있다.

이런 조합에 대해 고민하는 정원사는 마치 화단에 한 폭의 그림을 그리는 화가의 심정이다. 그런데 이 그림은 계절에 따라 변하고 시간에 따라 변하는 살아 있는 그림이다. 더욱이 화가는 아무 때나 그림을 덧칠하고 고칠 수 있지만 정원사는 화단을 고치려면 일 년을 기다려야 한다.

한 바퀴를 거의 돌아 나오는 길에 새싹을 키우는 묘포장이 있다. 이곳에서 키워진 묘목들은 거의 80%가 방문객들이 사 가고 있다고 한다. 젊은 정원사가 긴 쇠스랑에 웃옷을 걸어놓고 무릎을 꿇은 채 열심히 일을 하고 있다. 지나던 사람이 무엇인가를 물어보는 듯하다. 환하게 웃으며 답해 주는 그의 모습은 얼마나 자신의 일을 즐기고 있는지 느낄 수 있게 한다. 그를 보니 〈평생을 행복하려면 정원사가 되어라.〉라는 중국 속담이 생각난다. 그 잘 생긴 정원사는 지금 무척 행복해 보인다.

베스 샤토 정원은 다른 식물원이나 정원과는 다르게 공간이 나누어져 있다. 일반적으로 다른 정원들은 장미원, 튜립원 등 꽃 이름이나 정원 디자인 양식에 따라 구획된 공간의 이름을 붙이고 있다. 하지만 이곳은 자갈 정원(Gravel Garden), 왕사 정원(Scree Garden), 물 정원(Water Garden), 습지 정원(The Damp Garden) 그리고 숲 정원 (Woodland Garden)이 있다. 즉, 생태조건에 따라 구획을 나누고 그 조건에 맞는 식물들로 정원을 꾸며 놓았다.

방문자들은 그곳에서 내 정원의 토양 조건이나 자연환경에 맞는 식물들을 쉽게 찾을 수 있어 취미 정원사들에게 큰 도움이 되고 있다. 또한 나오는 길에 모종 판매장에서도 그 분류에 따라 식물들을 전시하여 판매하고 있다.

그녀는 이 모든 작업을 글로 남겼다. 정원에 관한 자신의 노하우와 철학 그리고 식물에 대한 자료를 10권의 단행본으로 출판하였다. 건조한 지역의 정원(The Dry Garden), 습지의 정원(The Damp Garden) 등 주로 자연 환경에 따른 정원 가꾸기에 대하여 썼다. 특히, 〈베스 샤토의 가든 노트북(Beth Chatto's Garden Notebook, 1988)〉은 그녀가 정원에서 직접 경험한 것들을 1월의 준비 단계부터 시작하여 월별로 자세하게 기록한 것이다. 오래된 책이지만 아직도 영국에서 정원을 가진 사람이라면 대부분 한 권씩은 갖고 있는 책이다.

베스 샤토는 정원 가꾸기의 제1 원칙을 '적합한 장소에 적합한 식물을 식재하는 것(the right plant for the right place)'이라고 이야기한다. 즉 내 정원의 기후와 토양 등 생태적 조건을 정확히 알고 그에 맞는 식물을 선택하여 가꾸는 것이 가장 아름답고 건강한 정원을 만들 수 있는 방법이라고 말한다. 그리고 그녀는 정원의 문제점들도 직접 내 정원에서 '시도와 실패'를 경험하는 것이 그 해답을 찾을 수 있는 최선의 길이라고 조언한다. 어쩌면 그녀가 말하고 있는 정원 가꾸기의 원칙과 조언은 우리네 인생살이에도 적용 되는 듯하다..

## The Beth Chatto Gardens

Address : Clacton Rd, Elmstead, Colchester CO7 7DB, UK
H-Page : www.bethchatto.co.uk

# 코츠월즈 *Cotswolds*

　　코츠월즈(Cotswolds)는 넓은 지역의 이름이다. 셰익스피어의 생가가 있는 스트랫퍼드어폰에이번(Stratford-upon-Avon)에서 남서쪽으로 140km 떨어진 바스(Bath)까지 걸쳐진 지역이다. 폭은 거의 40km이며 전체 면적은 대략 서울의 3배 반이다. 코츠(cots)는 동물의 우리를 의미하고 월즈(wolds)는 경사진 언덕을 뜻한다고 한다. 이름에 있듯이 이 지역은 18세기까지 양을 키워 양모를 생산하는 목양업이 성행하였다. 아직도 완만한 구릉지에 양 떼들이 노니는 드넓은 목초지가 이 지방의 풍경을 만들고 있다. 그리고 언덕 사이로 구불구불한 시골길을 따라 크고 작은 200여 개의 작은 마을들이 있다.

　　마을로 들어서면 예전에 목축 농가이었던 집들이 아담하게 자리한다. 집은 대문 없이 길에서 현관으로 직접 들어가는 소박한 모습이다. 대부분 이 지역에서 산출되는 코츠월드 스톤(Cotswold stone)으로 지어진 돌집이다. 코츠월드 스톤은 석회암으로 연한 황토색이지만 세월이 흐르면 회색빛이 돈다. 더욱이 오래된 돌집은 습한 영국 기후로 연한 초록의 이끼가 지붕을 덮고 있다.

　　그리고 거친 듯 멋스러운 돌담이 묵직하게 마을을 감싼다. 그 위에 쌓인 부드러운 이끼는 마을을 더욱 고풍스러운 분위기로 만들고 있다. 그래서 코츠월즈 마을을 천천히 걷다 보면 시간 여행을 하는 듯 매력적이다.

코츠월즈의 대표적인 마을은 스토온더월드(Stow-on-the-Wold), 캐슬 쿰(Castle Combe), 바이버리(Bibury), 버포드(Burford), 버튼온더워터(Bourton-on-the-Water) 그리고 치핑 캠덴(Chipping Campden) 등이 있다.

어느 날, 나는 코츠월즈에 있는 정원을 보고 나왔는데 그냥 숙소로 가기에 이른 시간이었다. 6월, 영국에서는 9시 넘어 해가 진다. 방문 계획에는 없었지만, 나는 가까운 마을인 스토온더월드를 둘러 보기로 하였다.

코츠월즈의 마을에는 어느 곳이나 티 하우스와 작은 엔틱 가게들이 있어서 특별한 목적이 없어도 거리를 어슬렁거리며 구경하는 재미가 있다. 엔틱 가게에는 비싼 고가구들도 있지만 더러는 일상에서 쓰는 그릇과 인형, 옷, 장난감 등 다양한 종류의 아기자기한 중고품들이다. 한편으로는 그들의 소소한 일상 생활을 들여다볼 수 있는 좋은 기회이기도 하다.

나는 좁은 골목에서 이리저리 가게들을 기웃거리다가 중고 책방을 만났다. 보물을 찾은 듯 반가웠다. 이는 내가 영국 여행 중에 만나는 작고 행복한 순간이다. 대부분 중고 책방에는 소설책이나 인문서가 주류를 이루지만 영국은 정원의 나라답게 어김없이 정원 책이 있기 때문이다.

책방 문을 밀고 들어서니 문에 달린 작은 종에서 경쾌한 종소리가 나를 반긴다. 나이 지긋하신 분이 열심히 무엇인가를 쓰고 계신다. 나는 정원 관련 책이 어디 있느냐고 물었다. 그는 이층으로 올라가 창 쪽으로 가면 왼쪽 책장의 위 선반에 있다 하신다. 나는 이층으로 올라가 책이 있는 곳은 찾았으나 나의 작은 키로는 위 선반에 손이 닿지 않는다. 어쩌나 생각하고 있는데 퉁퉁 묵직한 발소리가 계단을 오르고 있다. 주인은 빙그레 웃으신다. 그럴 줄 알았다는 의미이다. 그리고 아무 말 없이 커튼이 쳐진 구석에서 사다리를 꺼내 선반 앞에 놓아 주신다. 나도 그냥 빙그레 웃었다.

그리고 나는 선반에서 3권의 정원 책을 찾았다. 내려와 계산대에 내미니 할아버지는 15% 정도 깎아 주신다. 내가 의아한 표정을 지으니 책방 주인은 나의 노고에 대한 포상금이라며 웃으신다. 영국인의 재치와 중고 책방의 넉넉함이다. 책방을 나오니 뉘엿뉘엿 저녁 해가 넘어가고 있다. 오래된 마을의 고즈넉한 정취가 이방인에게도 포근하게 느껴진다. 코츠월즈는 나에게 이런 곳이었다.

## 12 처칠
# Winston Churchill

정치인, 문인, 화가 — 처칠의 영향을 만든 곳

처칠은 1953년 〈제2차 세계 대전(1948~1953)〉이란 책으로 노벨 문학상을 수상하였다. 그리고 그가 그린 그림은 소더비나 크리스티 경매소에 부쳐질 정도의 화가이기도 하다. 하지만 무엇보다도 그는 영국의 총리로 제2차 세계대전을 승리로 이끌어낸 정치인이다. 그런데 그는 정원과도 깊은 인연이 있다. 처칠은 정원의 역사에서 거론되는 블렌하임 궁(Blenheim Palace)에서 태어나 내셔널 트러스트로 보전되는 아름다운 정원이 있는 차트웰(Chartwell)에서 생을 마감한다.

윈스턴 처칠(Sir Winston Leonard Spencer-Churchill, 1874~1965)은 옥스퍼드셔(Oxfordshire)의 우드스톡(Woodstock)에 있는 블렌하임 궁(Blenheim Palace)에서 태어났다. 이 궁은 왕이 살던 곳은 아니지만 'palace'의 명칭을 사용한다. 그의 할아버지 말버러 공작(John Churchill)은 1704년 블렌하임에서 프랑스와 바이에른 연합군을 대파한다. 이에 앤 여왕은 승리를 치하하기 위해 왕실의 부지를 하사하고 대저택을 지어 'Blenheim Palace'란 명칭을 내려준다. 그때부터 이곳은 300년 이상 처칠 가문의 저택이 된다.

블렌하임 궁은 18세기 영국의 정원 양식인 풍경식 정원을 대표하는 정원이다. 17세기 프랑스에서 발달한 평면기하학식 정원에 반하여 영국은 정원을 마치 한 폭의 풍경화를 연상할 수 있게 꾸미는 새로운 정원 양식을 만든다. 이곳은 입구에서 저택까지 오래된 느릅나무가 길게 늘어서 있다. 그리고 오른쪽의 운하 건너편 언덕에 말버러 공작의 승전 기념탑이 멀리 보인다. 궁의 오른쪽으로 자수화단과 분수대가 있는 평면 기하학식 정원이 남아 있으나 그 너머 2개의 자연스러운 인공 호수와 드넓은 정원이 마치 자연 그대로의 모습을 펼쳐 놓은 듯하다.

처칠은 7살이 되어 기숙학교에 들어가기 전까지 이곳에서 어린 시절을 보냈다. 아직도 저택의 일부에는 처칠 가문이 살고 있으며 대부분은 가문의 박물관으로 일반인에게 개방하고 있다. 저택을 돌아 계단을 내려오면 건물 일부에 정원을 향한 카페가 있다. 이곳에서 분수대와 자수화단으로 장식한 워터 테라스를 바라 볼 수 있다. 처칠의 정원에서 차 한 잔을 마시며 여유로운 시간을 즐길 수 있는 곳이다.

그리고 처칠이 90세의 나이로 생을 마감했던 곳은 차트웰이다. 그는 1922년 허름한 시골집을 구입하여 몇 해 동안은 주말 주택으로 사용하다가 마지막 40여 년간을 이곳에서 생활하였다. 차트웰은 런던 시내에서 남쪽으로 40킬로미터 정도 떨어진 켄트(Kent) 지방의 웨스터햄(Westerham)에 있다.

    입구는 저택의 대문 쪽이 아니라 정원의 소로를 따라 들어간다. 가는 길에 암석 정원과 연못 주위로 작은 수생정원이 있다. 그리고 처칠 부인이 가꾸던 장미 정원이 나온다. 장미 정원을 지나 저택을 향하니 우선 넓게 구릉이 펼쳐진다. 그리고 마치 처칠의 모습처럼 우람하고 큰 나무가 서 있다. 저택은 언덕 위에 위치하여 앞 쪽으로 옹벽을 쌓아 단을 조성하였다. 그곳에 넓은 잔디밭이 있는 테라스가 있다. 왼쪽으로 프레스코화로 장식한 말보러 파빌리온이 웅장함을 더한다. 테라스 끝 쪽에는 몇 개의 벤치가 있으며 그곳에 앉으니 구릉과 호수 그 너머 광활한 초원이 시원스럽게 펼쳐지고 멀리까지 시선이 날아간다.

저택 옆으로 크로켓 게임을 즐길 수 있는 잔디밭이 있고 담으로 둘러쳐진 텃밭과 화단이 나온다. 붉은 벽돌의 담은 처칠이 직접 쌓았다. 그의 벽돌쌓기 실력은 건축업 노동조합에 정식으로 가입한 정도로 능숙하였다고 한다. 텃밭 중앙에는 〈노란 장미길〉이 있다. 이는 1958년 처칠 부부의 금혼식을 축하하며 자녀들이 노란 장미로 화단을 만들어 선물하였다고 한다. 특히 처칠 부인인 클레멘타인은 꽃꽂이를 즐겼으며 집안을 장미꽃으로 장식하기를 좋아하였다. 그래서 차트웰 정원에는 1000그루가 넘는 장미가 있다.

장미는 영국인들에게 그들의 역사가 담긴 꽃이다. 영국에서 1455~1485년에 장미 전쟁이 있었다. 요크 가문과 랭커스터 가문 사이에 왕위 계승권을 둘러싸고 일어난 전쟁이다. 랭커스터 가문의 문장에는 붉은 장미가, 요크 가문의 문장에는 흰 장미가 새겨 있다. 30년의 긴 전쟁 끝에 랭커스터가문의 헨리 7세는 요크가의 딸 엘리자베스를 왕후로 맞아 두 가문이 화합한다. 이후 장미는 화합의 의미를 갖게 되어 영국인들의 사랑을 받게 되었으며 영국의 국화가 되었다.

나는 텃밭을 지나 호수로 향하는 완만한 경사로를 따라 천천히 걸었다. 내려오는 길에 아담하게 붉은 벽돌로 지은 이층 건물이 있다. 이곳은 처칠이 그림을 그리던 스튜디오이다. 작은 칠판에 12시부터 오후 4시까지 공개한다고 쓰여 있다. 나는 다음 일정이 잡혀 있어 오전 일찍 방문 했는데 시간이 맞지 않아 볼 수 없는 것이 아쉽다. 처칠의 생전 작품들이 대부분 이곳에 남아 있다고 한다.

구릉에 펼쳐진 부드러운 풀밭을 걸어 내려와 물가를 끼고 돌아서니 처칠 부부의 동상이 있다. 두 분이 다정한 모습으로 앉아 있고 호수 넘어 멀리 초원을 바라보고 있다. 마치 지금도 영국을 위해 또는 세계의 평화를 위해 많은 생각을 하고 있는 듯하다. 올라오는 길에 아프리카 데이지가 계단 옆에 소복하니 피어있다. 흰 꽃이 유난히 청초하게 보인다.

차트웰은 지금 내셔널 트러스트가 관리하고 있다. 처칠은 총리직에서 물러나 있을 때, 이 대저택과 정원을 유지 관리하는데 경제적인 어려움이 있었다. 그러자 그의 친구들은 이곳을 구입하여 처칠 부부가 살아 있는 동안 차트웰에서 살 수 있게 하는 조건으로 내셔널 트러스트에 기증한다. 그리고 그가 죽은 지 1년 뒤 1966년부터 차트웰은 일반인에게 공개하게 된다.

처칠에 대한 나의 기억은 사진에서 본 시가를 물고 있는 무서운 얼굴과 런던 국회의사당 광장에 서있는 긴 코트에 지팡이를 짚은 고집스럽고 위풍당당한 모습의 동상이었다. 하지만 나는 블렌하임 궁과 차트웰의 정원을 보니, 그의 또 다른 모습을 찾을 수 있었다. 이제 나는 정원에서 그림을 그리고, 글을 쓰며, 화단을 손질하고 있는 부드럽고 친근한 모습으로 처칠을 기억할 수 있게 되었다.

그리고 몇 년 후, 나는 차트웰을 다시 찾아갔다. 그의 그림을 직접 보고 싶었다. 아니, 사실은 그의 화실이 궁금했다. 화실로 들어서니 벽면에 그의 작품이 빼곡히 전시되어 있다. 그는 마흔 살이 넘어 그림을 시작하여 유화 500여 점을 남겼다고 한다. 그림 그리기는 그에게 취미이기도 했지만 한편으로 그를 일생 괴롭힌 우울증에서 벗어나기 위한 미술치료법이기도 하였다.

처칠이 그린 그림은 영국의 크리스티 경매나 소더비 경매에 부쳐질 정도이니 아마추어 화가라고 말할 수 없다. 경매에 부쳐졌던 유명한 그림이 있다. 2021년 크리스티 경매에 나온 '쿠투비아 모스크의 탑(Tower of Koutoubia Mosque)'이다. 이 그림은 할리우드에 유명한 여배우 앤젤리나 졸리가 전남편인 브래드 피트로부터 선물 받아 10년간 소유했던 것이다.

처칠은 제2차 세계대전 중, 1943년 1월 연합국의 전략을 논의했던 카사블랑카 회담이 끝난 후, 마라케시에서 그렸다. 이 그림에는 모로코의 뜨거운 태양이 한풀 꺾이면서 길게 드리워진 그림자가 부드러운 색감으로 담겼다. 그리고 그는 회담에 함께 참석했던 당시 미국 대통령 루스벨트에게 이 그림을 생일 선물로 보냈다. 이 그림은 경매에서 8,285,000파운드(130억 원)에 낙찰되었다.

화실은 아늑한 거실 같은 분위기이다. 페치카 앞에 그의 이젤이 서 있고 그 옆에 작은 테이블이 있다. 테이블 위에 그가 좋아했던 시가, 위스키 그리고 그림 물감이 풀려 있는 원형 팔레트가 놓여 있다. 처칠은 시가에 대한 사랑으로 유명하지만 그의 위스키 사랑도 유명하다. 잔에 위스키가 남아 있다. 마치 처칠이 잠시 산책 나간 사이, 내가 들어 온 것 같다. 늦가을, 비가 촉촉이 내리는 오후였다.

### Chartwell
Address : Mapleton Rd, Westerham TN16 1PS, UK
H-Page : www.nationaltrust.org.uk

## 13. 저먼

## Derek Jarman

### 서서히 다가오는 죽음을 위로해준 정원

내가 이 해안가에 도착했을 때 이미 2~3명이 자갈밭에서 서성이고 있었다. 이 정원은 입장료를 내거나 개장 시간을 걱정 안 해도 된다. 해안가 도로에서 노란 창틀이 있는 검은 오두막집이 덩그러니 보인다. 그리고 자갈밭과 겹쳐지는 긴 해안선이 한눈에 들어오고 그 너머 멀리까지 수평선이 펼쳐진다. 그 바다는 프랑스와 영국 사이에 있는 도버해협이다. 이곳은 런던에서 남동 방향으로 100킬로미터쯤 떨어진 켄트주의 던지니스(Dungeness)라는 작은 어촌 마을이다.

데릭 저먼(Derek Jarman, 1942~1994)은 화가이자 설치 미술가 그리고 영국 영화계의 아방가르드를 대표하는 영화감독이고 작가이다. 그는 동성애 지지자이며 에이즈 환자로 짧은 일생을 마친다. 저먼은 영화 촬영 장소를 물색하던 중 외딴 바닷가에서 어부의 낡고 작은 집을 발견한다. 이곳에서 영화 〈더 가든(The Garden)〉을 촬영한 후, 그는 병세가 악화되어 도시 생활을 정리하고 한적한 바닷가에 있는 프로스펙트 코티지(Prospect Cottage)로 이주한다. 그리고 저먼은 그의 나머지 생을 이곳에서 보내게 된다.

그는 단 한 곳의 정원을 디자인하고 가꾸었다. 그리고 그의 정원은 정원을 예술의 경지로 올려놓았다. 물론 17세기 프랑스의 베르사이유 정원을 디자인한 정원사 르 노트르(André Le Nôtre, 1613~1700) 시대에도 정원은 예술적 가치가 있었지만 왕이나 귀족 등 특수한 계층의 소유물이었다.

하지만 18세기 유럽에서는 시민 혁명, 식민지 개척, 산업혁명 등으로 중산층이 형성된다. 이들 중산층이 경제적인 여유가 생기면서 사람들은 정원에 관심을 갖게 되며 대중적인 취미 생활로 발전하게 된다. 더욱이 자연에서 많은 영감을 얻는 예술가들은 정원을 하나의 화폭으로 생각하고 정원에 자신의 예술 감각을 표현하면서 정원 디자인은 예술의 한 장르로 인정받게 되었다.

데릭 저먼의 정원에는 담이나 울타리가 없고 주변 바닷가에 있는 작은 자갈들이 경계 없이 깔려있다. 그리고 어부가 살았던 오두막집은 덩그러니 자갈밭 위에 놓여있다. 오두막의 벽은 검은 판자로 둘러 있고 지붕 또한 검은색의 슬레이트 골판이다. 창틀은 밝은 노란색으로 강한 대비 효과를 만들어 낸다.

멀리서 보니 이 검정과 노랑의 대비는 영국의 흐린 날씨에 그리고 바닷가 주변의 황량함에 밝고 경쾌한 분위기를 만들어 내고 있었다.

자갈밭에는 띄엄띄엄 조형물들이 놓여 있다. 원래 거기에 있었던 것처럼 주변과 어우러진다. 하지만 이것들은 저먼이 주변 바닷가를 산책하며 주워온 것들이라고 한다. 아마 그에게 바닷가에 버려진 물건들, 아니 세월의 흔적을 간직하고 있는 작은 물건들이 남 달랐으리라.

정원을 장식하고 있는 조형물들은 더 이상 사용하지 않는 낚시 도구, 파도와 맨몸으로 부대꼈던 돌맹이와 조개껍데기 그리고 부유물로 떠다니다 바닷가에 안착한 나무 둥치들이다. 자갈밭에 던져져 있는 녹슨 닻은 오랜 항해를 끝내고 이제는 편하게 쉬고 있는 듯하다. 하지만 이곳에선 더 이상 항해를 하지 못하는 닻의 모습이 새로운 역할을 해내고 있다. 무대 장치와 설치 미술가이었던 저먼은 이런 오브제를 재 탄생시켜 정원에 드문드문 배치하였다.

정원 식물은 단출하다. 애써 줄을 맞추거나 화단을 만들지도 않았다. 화려한 꽃으로 다양하게 정원식물을 혼합 식재하는 영국의 정원 스타일인 〈English Flower Garden〉과는 거리가 멀어 보인다.

또한 저먼의 정원에는 넓은 그림자를 드리우는 키가 큰 나무는 한 그루도 없다. 대부분이 키가 작고 낮게 퍼지는 초화류로 주변 해안가에서 자주 볼 수 있는 식물들이다. 야생 양귀비와 잉글리시 라벤더는 바닷바람에 적응하려는 듯 자신의 키를 낮추었다. 지금 붉은색의 작은 꽃이 모여서 피는 레드 발레리안(Red Valerian)이 한창이다. 생명력이 강하고 거친 토양에 잘 자라는 다년초이니 이곳이 제격이다. 그리고 다육질 식물인 갯배추(sea kale)의 두툼한 잎사귀는 회색과 푸른빛을 섞어 놓은 듯하다. 자갈밭 사이에서 드문드문 몸을 웅크린 채 나지막이 깔려 있는 모습이 그 색깔만큼 부드럽고 편안하다.

저먼은 깔끔하게 정돈된 잔디밭 대신 자갈을 깔아 잔디 깎기와 잡초 제거를 위한 수고를 덜었다. 그리고 다양한 초화류로 화단을 꾸미지 않았으니 비교적 관리하기가 쉽다. 이러한 정원은 이지 케어 가든(easy care garden)이란 별명이 있다. 또한 매일 화단에 물을 주어야 하는 수고를 덜기 위해 건조에 강한 식물 중심으로 화단을 조성하는 워터 와이즈 가든(water wise garden)도 있다. 그의 정원에는 이 두 별명을 모두 적용해도 될 것 같다.

데릭 저먼은 주변의 황량한 풍광과 수평선 너머까지 텅 빈 하늘 그리고 무심히 솟아나는 나지막한 식물들 사이에서 자신의 모습을 또는 자신의 세계를 찾으려 한 것이 아닐까? 그리고 그는 서서히 다가오는 죽음을 기다리며 이 정원에서 많은 위로를 받았을 것이다. 어쩌면 이곳을 찾는 사람들도 그 위로를 이해하고 공감하고 싶은 것인지 모르겠다. 그 위로에는 희망과 슬픔이 함께 담겨 있을 테니까. 그리고 그 색은 아마 푸른색일 것이다.

오늘 날씨는 흐리지만 나는 저먼이 원했던 푸른 하늘을 상상해 본다. 그리고 2013년 프랑스의 쇼몽 가든 페스티벌에서 어느 정원 디자이너가 데릭 저먼을 추모하며 디자인한 정원이 기억난다. 그는 정원에 작은 자갈을 깔고 군데군데 야생화 몇 포기를 심어 놓았다. 그리고 커다란 푸른 캔버스 천으로 울타리를 만들었다. 크지 않은 정원이라 푸른색이 가득이다. 아마 그는 저먼에게 푸른 하늘을 만들어 주고 싶었나 보다.

데릭 저먼은 이곳에서 그의 영화 〈The Last of England(1987)〉, 〈The Garden(1990)〉 등을 촬영하였다. 하나의 정원이 영화의 배경으로 나오고 작가가 글을 써서 이야기를 입히니 정원은 새롭게 태어난다. Prospect가 '어떤 일이 있을 가망성 또는 가능성'이라는 뜻이니 이 집의 이름, 프로스펙트 코티지(Prospect Cottage)에 그의 의지가 담겨 있는 듯하다.

## Prospect Cottage
Address : Dungeness Rd, Romney Marsh TN29 9NE, UK

## 14. 울프

# *Virginia Woolf*

### 정원 속에 있는 '글 쓰는 오두막'

런던 공항에 도착하니 입국장의 심사관은 풍채가 넉넉한 중년 부인이었다. 방문 목적을 묻기에 나는 몽크스 하우스(Monk's House)의 정원을 보러 왔다고 하였다. 그녀는 환히 웃으며 버지니아 울프의 작품은 좀 어렵지만 자신도 그녀의 정원을 좋아한다며 입국 도장을 쾅 찍는다. 사실 나도 버지니아 울프의 이름은 친숙한 것 같은데 그녀의 소설 내용이 분명하게 기억나지 않는다. 하지만 나는 언젠가 정원 잡지에서 본 그녀의 정원과 작업실인 오두막이 보고 싶었다.

버지니아 울프(A. Virginia Woolf, 1882~1941)는 철학자이며 문학평론가인 스티븐(Leslie Stephen)의 딸로 런던에서 태어났다. 그녀는 당시의 사회적 분위기로 정식 교육을 받지는 않았다. 하지만 그녀는 아버지의 교육과 지적인 집안 분위기 속에서 독학으로 공부하며 글을 쓰기 시작한다. 또한 블룸즈버리 그룹의 일원으로 활동하면서 많은 영향을 받는다. 이 모임은 남동생 에이드리언을 중심으로 케임브리지 출신의 작가, 예술가 그리고 비평가들이 모여 런던 블룸즈버리에 있는 그녀의 집에서 모임을 가졌던 그룹이다.

그녀는 1905년부터는 〈타임스〉지 등에 문예비평을 썼으며, 1915년 〈출항〉을 시작으로 페미니즘 소설의 고전이라 불리는 〈자기만의 방〉과 〈3기니〉 그리고 의식의 흐름을 써 내려가는 새로운 기법으로 〈댈러웨이 부인〉을 집필하였다.

그녀가 마지막 20여년을 살았던 곳이 몽크스 하우스이다. 이곳은 서식스(Sussex) 주에 있으며 런던에서 100킬로미터 정도 남쪽에 있는 해안 도시 루이스(Lewes) 인근에 있다. 버지니아는 1912년 오빠 토비의 대학 친구인 레너드 울프(Leonard Woolf)와 결혼하여 런던에서 살았다. 1919년 울프 부부는 우즈강 근처에 있는 작은 마을 로드멜(Rodmell)의 몽크스 하우스를 구입하여 별장으로 사용하였다. 하지만 제2차 세계대전이 터지자 그들은 런던을 떠나 이곳으로 이사한다.

버지니아는 1941년까지 그리고 남편은 1969년까지 남은 생을 몽크스 하우스에서 지냈다. 레너드는 정원 디자인, 가지치기 그리고 테라스와 연못을 만들기 등 대부분의 정원 일을 직접 하였다. 사실 몽크스 하우스의 정원은 버지니아보다 정원 애호가인 남편 레너드가 정성껏 가꾼 정원이다.

그녀의 집에 도착하니 주차장은 50미터쯤 떨어진 마을 공터 같은 곳에 있다. 팻말을 따라 골목길을 올라오니 길가에 붙어 있는 주택의 주차장 안에 사람들이 서성인다. 그곳에서 입장권도 팔고 몇 가지 기념품을 팔고 있다. 주차장을 나와 조금 올라가면 작은 문이 있다. 소박한 모습이다. 문주에 내셔널 트러스트 팻말이 붙어 있는 것으로 보아 그곳에서 관리를 하고 있는 모양이다.

대문을 들어서니 입구에 작은 이탈리안 정원부터 시작한다. 1933년 버지니아는 이탈리아의 토스카니 지방을 여행하고 돌아와 계획하였다고 한다. 레너드는 몇 가지 대안을 만들었고 그녀와 상의하여 사각의 연못과 조각상을 배치하였다. 작지만 오붓한 분위기이다. 작은 길을 따라 왼쪽으로 들어가면 주택과 연계된 온실이 있으며 그 앞으로 테라스, 무화과 정원, 텃밭 등으로 구획되어 있다. 가든 룸의 형식이다.

공간은 부분적으로 낮은 담이 둘러져있으며 담을 따라 풍성한 화단이 조성되어 있다. 담 위로 진한 자주색 목련 꽃이 아직 몇 송이 남아 있다. 담 위에 버지니아의 흉상이 놓여 있고 그 담의 한쪽 끝에 레너드의 흉상이 있다. 마치 그들의 독특한 결혼생활처럼 하나의 담에 따로 떨어져 있다.

그리고 담과 담 사이에 등나무가 연한 보라색 꽃을 늘어트리며 아치를 만들고 있다. 밖으로 나가니 넓은 잔디밭이다. 잔디밭에는 잡초들이 함께 자라고 있다. 부분적으로 길을 따라 풀베기를 하였다. 풀을 벤 곳이 부드러운 곡선으로 오솔길이 된다. 거리를 두고 보니 마치 자연스러운 초지 같다. 그 넉넉하고 너른 잔디밭 넘어 낮은 구릉이 넓게 펼쳐진다. 잔디밭에서 나이 지긋하신 신사 몇 분이 잔디 볼링(Lawn Bowling) 게임을 하고 계신다. 그들의 굵직하고 유쾌한 웃음소리가 주변 풍경과 하나가 되는 듯하다.

그리고 초원 쪽으로 작은 오두막이 보인다. 버지니아의 작업실이다. 레너드는 처음에 세탁실 위에 있는 별채를 개조하여 그녀의 작업실로 마련하여 주었다. 하지만 그곳은 전망이나 골목의 소음 등 주변 여건이 산만하여 글쓰기에 적합하지 않았다. 후에 주변 토지를 매입하면서 그는 버지니아가 글쓰기에 집중할 수 있게 정원 끝에 작업실을 만들어 주었다.

그녀는 이곳을 '글 쓰는 오두막(writing lodge)'이라 불렀다. 나무판자로 옆면을 두르고 판재로 지붕을 덮은 간략한 집이다. 오두막 내부는 4x8미터 정도의 작은 공간이며 그녀의 책상이 한가운데 놓여 있다. 그리고 벽 쪽으로 보조 책상이 있다. 그 위에 작은 액자가 올려있는데, 액자에 있는 문구가 조금 심각하다.

'if your life was a book title, what would it be?'
(만약 당신의 삶이 책 제목이라면, 무엇이 되었을까?)

오두막에는 잔디밭을 향해 큰 창과 출입문이 있다. 창문으로 아까 본 초지와 구릉의 풍경이 펼쳐진다. 그리고 출입문을 열고 나가면 네 다섯 사람이 둘러앉아 이야기할 수 있는 정도의 작은 테라스가 있다. 그 테라스와 오두막 위로 오래된 마로니에 나무와 커다란 느릅나무가 포근히 오두막을 안아 주고 있다.

나는 조금 떨어진 곳에 앉아 아까 그녀가 던진 액자 속의 질문에 대해 답을 찾아보려 했지만 쉽게 제목이 떠오르지 않는다. 오늘은 그냥 아무 생각 없이 그녀의 오래된 오두막을 우두커니 바라만 보기로 하였다.

## Monk's House

Address : Rodmell, Lewes BN7 3HF, UK
H-Page : www.nationaltrust.org.uk

## 15. 다빈치

## Leonardo da Vinci

클로 뤼세 성에 있는 다빈치의 텃밭

파리 남서쪽으로 200킬로미터 정도 떨어진 곳에 있는 마을 앙부아즈(Amboise)에는 클로 뤼세 성(Le Château du Clos Lucé)이 있다. 이 성은 2000년 유네스코 세계문화유산으로 지정한 프랑스 루아르 계곡에 있는 여러 고성들 가운데 하나이다. 루아르 계곡은 프랑스 중부에서 대서양으로 흐르는 루아르 강 주변에 있다. 아직도 중세와 르네상스 시대의 성들이 자연 풍광과 어우러져 있어 아름다운 역사 문화 경관을 이루고 있는 곳이다. 이곳에 레오나르도 다빈치(Leonardo da Vinci)가 잠들어 있다.

레오나르도 다빈치(Leonardo da Vinci, 1452~1519)는 르네상스 시대에 이탈리아를 대표하는 천재 예술가이며 미술, 건축, 과학, 의학 등 다방면에 걸쳐 인류사에 큰 업적을 남긴 사람이다. 그는 이탈리아의 빈치라는 마을에서 태어났는데 사생아였기 때문에 아버지의 성을 받지 못한다. 대신 마을 이름을 성으로 취하였으니 그의 이름은 '빈치 마을의 레오나르도'인 셈이다.

그는 어릴 때부터 음악에 재주가 뛰어났고 그림 그리기를 즐겨 하였다. 열다섯 살이 되던 해에 그는 피렌체로 가서 부친의 친구인 베로키오에게 미술 수업을 받는다. 그리고 이곳에서 자연을 관찰하고 정확하게 묘사하는 법을 배우게 된다. 그리고 서른 살에는 더 큰 도시인 밀라노로 떠나 다양한 분야를 공부한다. 그는 회화의 법칙과 질서를 학문적으로 접근하여 원근법과 투시법으로 완벽한 질서를 작품에 담았다. 또한 그는 사람의 시체와 동물의 사체를 해부하여 스케치로 남겨 의학 발전에 크게 기여하였다.

그런데 말년에 그는 프랑스로 떠난다. 다빈치는 1515년 로마에서 프랑스의 젊은 왕 프랑수아 1세를 만나게 된다. 당시 프랑스의 왕실과 귀족들은 르네상스 화가들을 주목하기 시작하였다. 그리고 이듬해인 1516년, 64세의 다빈치는 궁정 화가 및 공학자로 초대받아 프랑스로 떠난다. 왕은 자신의 거처인 앙부아즈 성(Château Royal d'Amboise)과 가까운 클로 뤼세 성(Le Château du Clos Lucé)에 레오나르도 다빈치를 머물도록 하였다.

그때, 그는 수기로 정리한 방대한 양의 과학적 연구 자료와 그림 3점을 갖고 간다. 그 중에 미완성의 초상화인 〈모나리자〉가 있었는데, 프랑스왕이 4,000에큐(écu, 당시 공예가 연봉 200~300에큐)에 구매해 지금은 파리 루브르 박물관에서 최고의 그림으로 전시되어 있다. 그는 마지막 3년을 클로 뤼세 성에서 지내다 세상을 떠났다. 그리고 그의 무덤은 앙부아드성의 생 위베르 예배당

(Chapelle Saint-Hubert)에 안치되어 있다.

   클로 뤼세 성에 도착하니, 건물은 분홍색 벽돌과 흰색 석회암으로 치장한 아담한 규모이다. 다빈치는 이곳에서 다양한 실험과 연구를 계속하였다. 성 안에는 발명품 전시 공간, 데생 작업실, 다빈치의 침실 등 그에 대한 많은 유물들이 전시되어 있다. 창문 밖으로 카페가 있는 건물이 있고 그 앞에 자수화단이 깔린 작은 정원이 보인다. 화단에는 날씬한 사이프러스 나무와 빨간색 장미뿐이다. 품종은 모나리자 장미(Rose 'Mona Lisa')이다. 나는 성을 나와 넓은 잔디밭과 숲으로 이뤄진 레오나르도 다빈치 공원(Parc Leonardo da Vinci)으로 향한다.

　잔디밭을 내려오다 보니 그의 유명한 발명품 중에 하나인 나선형 모양의 엘리스(Hélice) 모형이 실물 크기로 서있다. 나사못의 원리를 이용하여 물체를 수직으로 뜰 수 있게 하는 기계이다. 이는 헬리콥터의 원형이라고 한다. 그리고 그의 유명한 비트루비우스의 인체 비례도(Homme Vitruvien)가 투명한 아크릴 판에 크게 그려져 있다. 이는 고대 로마의 건축가 비트루비우스가 쓴 건축에 적용되는 인체의 비례 이론을 레오나르도 다빈치가 그린 스케치이다.

　또다시 길을 따라 걷다 보면 그의 스케치와 그림이 공원 곳곳에 걸개그림으로 걸려 있다. 높이 3~4미터의 캔버스에 복사된 그림은 키 큰 나무 사이에서 바람에 일렁인다. 다행히 걸개그림은 바람이 불어도 큰 영향을 받지 않는 잔잔한 그물망 조직으로 된 반투명 캔버스이다.

　야외 갤러리 같은 공원을 한참 걷다 보니 새로 단장한 건물이 보인다. 10여 년 전에 왔을 때는 특별한 건물이 아니었던 것 같은데, 지금은 '화가 그리고 건축가인 레오나르도 다빈치 갤러리(Les Galeries Leonard de Vinci peintre et architecte)'로 되었다. 이 갤러리는 2021년 6월에 오픈하였다. 다빈치의 재능 가운데 화가인 부분과 건축가인 부분을 모아 보여주는 상설 전시장이다. 1층에 멀티미디어 방이 있다. 그의 유명한 회화 17점이 벽과 천장에 영상으로 투사된다. 커다랗게 비추는 '모나리자'는 루브르 박물관에서 보았던 53x73센티미터의 그림과는 또 다른 느낌으로 나를 압도한다. 그리고 2층에는 다빈치가 구상했던 다양한 건축 모형들이 전시되어 있다.

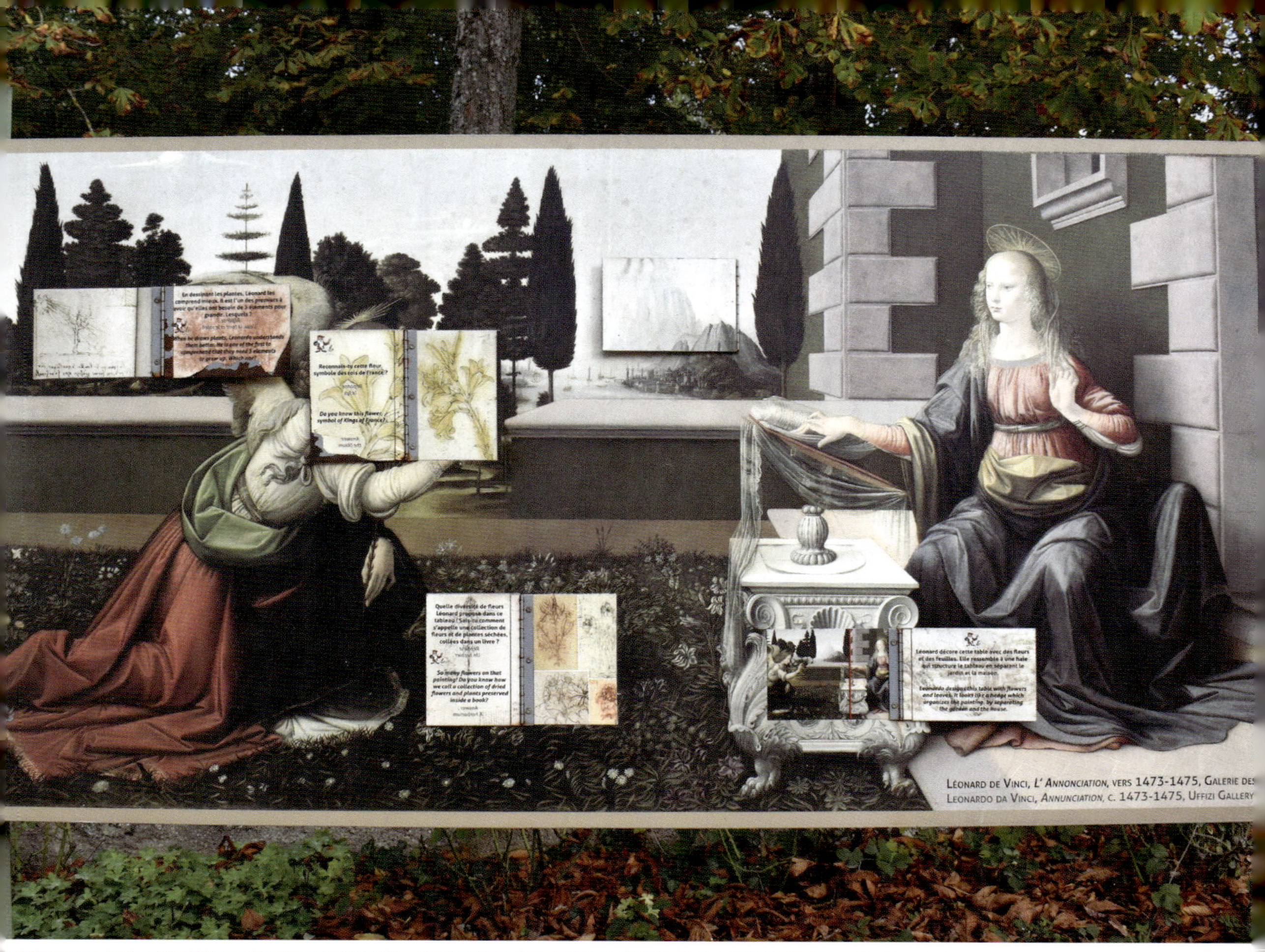
LÉONARD DE VINCI, L'ANNONCIATION, VERS 1473-1475, GALERIE DES
LEONARDO DA VINCI, ANNUNCIATION, C. 1473-1475, UFFIZI GALLERY

Reconnais-tu cette fleur, symbole des rois de France?
Do you know this flower, symbol of Kings of France?

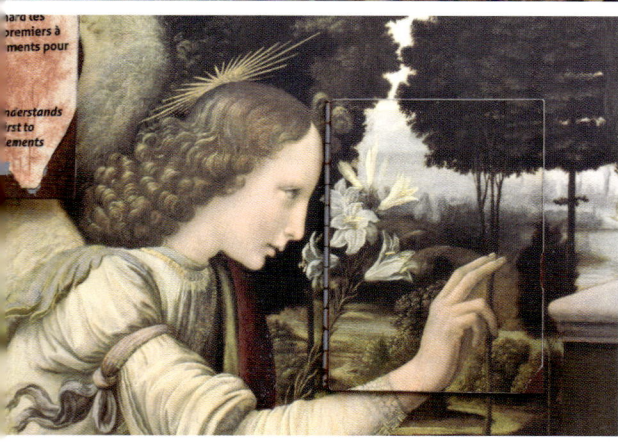

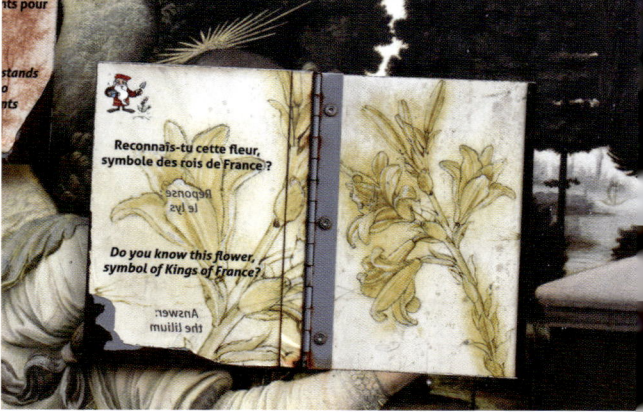

갤러리를 나와 아치형의 목재 다리를 건너 레오나르도의 정원으로 향했다. 나에게 '다빈치와 정원'은 좀 생소한 느낌이지만, 한편 매우 흥미롭다. 그의 정원으로 들어서니 큰 연못이 나온다. 연못가로 길이 있고 벽면에 식물을 스케치한 세밀화가 붙어있다. 그는 15세기 이탈리아 미술의 사실적 표현을 위해 식물의 형태와 생육 과정에 대해 깊이 탐구하였다고 한다. 그림에 대한 연구로 시작한 식물의 세밀화가 곧 식물과 나무의 구조에 대한 과학적 연구가 되었다. 그가 연구한 식물이 30 종이 넘는다고 한다.

그리고 레오나르도 다빈치의 작품 '수태고지'가 실물 크기로 그려져 있다. 수태고지는 기독교 미술 주제의 하나로 대천사 가브리엘이 성모의 집으로 찾아가 그녀가 성령의 아이를 잉태했음을 알리는 내용의 그림이다. 그림에 가브리엘은 꽃들이 하나하나 사실적으로 그려진 꽃밭에 앉아 있다. 그리고 하얀 백합 꽃다발을 가슴에 품고 있다. 그 백합 꽃다발에 얇은 철판으로 묶은 책이 숨겨져 있는데, 책장을 넘기면 그 안에 다빈치가 그린 백합의 세밀화가 펼쳐진다. 그림 전체에 몇 권의 책이 더 숨겨져 있다.

그리고 정원을 지나니 텃밭이 나온다. 텃밭은 단순한 문양으로 정돈되어 있고 밭 사이로 길을 내어 수확하기 편하게 만들었다. 주변은 채소들이 자라지 않는 기간에도 삭막하지 않도록 화단을 조성하였다. 그런데 그 화단에는 온통 분홍 장미가 보인다. 분명 의미 있는 장미일 것으로 생각하고 스마트폰으로 스캔하니, 역시 '레오나르도 다빈치 장미(Rose 'Leonardo Da Vinci')'이다. 새로운 장미 품종을 개발하는 프랑스 메이랑드 회사에서 육종하여 그의 이름을 붙여 그에게 헌정한 장미라고 한다.

장미 화단과 텃밭 사이에 터널을 이룰 수 있는 퍼걸러가 설치되어 있고 어린 포도 덩굴이 올라가기 시작한다. 아마 한여름이 되면 포도나무의 넓은 잎은 퍼걸러 아래 시원한 그늘을 만들 수 있을 것이다. 그리고 터널 끝에 농기구나 자재들을 보관하는 텃밭 창고가 있다. 그곳에서 어린아이들이 재잘거리며 그림 수업을 받고 있다. 어쩌면 이 텃밭은 채소를 수확하는 목적보다는 다빈치가 채식주의자라는 이야기와 화가라는 것을 기억하기 위해 조성하여 놓은 것 같다.

클로 뤼세 성과 다빈치 공원을 둘러보다 보니 이곳에 이탈리아 사람들이 방문하면 어떤 기분일까 궁금해진다. 사실 다빈치는 이탈리아 사람이니 당연히 이탈리아에도 그의 박물관이 있다. 밀라노에 있는 레오나르도 다빈치 국립과학박물관 (Museo Nazionale Scienza e Tecnologia Leonardo da Vinci)이다. 1953년 이곳에서 그의 탄생 500주년을 기념하는 전시회가 크게 열렸다. 그것을 계기로 다빈치의 과학적 사고와 이탈리아의 공업 기술을 소개하는 규모 40,000제곱미터 면적의 박물관이 되었다. 하지만 프랑스도 인류의 거장 레오나르도 다빈치가 말년을 클로 뤼세 성에서 지내고 앙브와즈 성에서 영면하고 있다는 사실에 큰 자부심을 가지고 있는 것은 당연한 일인 듯하다.

## Le Château du Clos Lucé

Address : 2 Rue du Clos Lucé, 37400 Amboise, France
H-Page : www.vinci-closluce.com/fr

# 레이크 디스트릭트 *Lake District*

레이크 디스트릭트(Lakes District)는 잉글랜드 북서부의 산악 지역이자 국립 공원이다. 대부분 컴브리아 산맥에 있으며 동서 51킬로미터, 남북 64킬로미터에 달하는 넓은 면적이다. 이곳은 빙하기에 생성된 빙하가 오랜 세월 동안 흘러 내리면서 계곡을 만들고, 그 계곡 곳곳에 물이 모여 거대한 호수들이 형성되었다. 이름에 유래하듯이 16 개의 크고 작은 호수들이 있다.

　가장 큰 호수는 길이 18킬로미터, 면적 14.7제곱킬로미터인 윈더미어(Windermere) 호수이고 와스트 워터(Wast Water)는 깊이 79미터로 잉글랜드

에서 가장 깊은 호수이다. 레이크 디스트릭트는 1951년에 국립공원으로 지정되었으며 2017년에 유네스코 세계문화유산으로 등재되었다.

　이곳은 빙하로 덮인 산들과 투명하게 주변의 풍경을 비추는 거대한 호수들이 아름답다. 더구나 오랜 세월에 걸쳐 조성된 농경지와 작은 마을들이 목가적인 풍경을 만든다. 이 풍경은 18, 19세기 영국 낭만주의 문학가들에게 큰 영감을 주었다. 처음으로 작품에 녹여낸 사람은 영국 시인인 토머스 그레이(Thomas Gray)이다. 그는 1769년에 자신의 여행기에 이곳의 아름다움을 소개하였다.

이 지역이 여행자들에게 더욱 인기를 끌게 한 사람이 있다. 윌리엄 워즈워스이다. 그는 1810년에 〈호수 안내서(Guide to the Lakes)〉를 발행하여 레이크 디스트릭트를 세상에 알렸다. 지금도 〈잉글랜드 북부의 호수 지역 안내서(A Guide Through the District of the Lakes in England)〉로 출판되고 있다. 레이크 디스트릭트는 지금도 영국인들에게 낭만과 서정의 고향이다.

그리고 그 아름다움을 간직하고 있게 한 중요한 단체가 있다. 영국의 내셔날 트러스트(National Trust)이다. 이 단체는 보존가치가 있는 자연, 역사 건축물 및 그 환경을 기부, 기증, 유언 등으로 취득하여 이것을 보전, 유지 및 관리하여 다음 세대에게 물려주는 것을 목적으로 하는 자선단체이며 시민운동이다.

이 운동은 1896년 변호사 로버트 헌터(Robert Hunter)와 여류 사회 활동가 옥타비아 힐(Octavia Hill) 그리고 목사 캐논 론즐리(Canon Rawnsely)가 주축이 되어 '역사적 명승지나 자연 경관을 위한 내셔널트러스트(National Trust for Places of Historic Interest or Natural Beauty)'라는 이름으로 시작하였다. 그리고 이 운동에 큰 힘을 실어 준 사람 중에 영국의 아동문학 작가인 베아트릭스 포터가 있다. 그녀는 1905년 레이크 디스트릭트로 거주지를 옮기면서 개발 위기에 처한 이 지역의 농장과 주택을 매입하여 내셔널 트러스트에 기증하였다.

또한 레이크 디스트릭트에는 유명한 도보여행길(CTC Walk/Coast to Coast Walk)이 통과한다. 이 길은 세계 10대 트레일 중에 하나이고 영국의 3대 국립공원을 통과하며 잉글랜드 북부의 다양한 풍광을 보여 준다. 이 트레일은 알프레드 웨인라이트(Alfred Wainwright)가 개발하여 1973년 〈코스트 투 코스트 워크(A Coast to Coast Walk)〉라는 책으로 많은 사람들에게 소개되었다.

이 길은 잉글랜드 서쪽 해안 마을, 세인트 비즈(St Bees)에서 시작하여 레이크 디스트릭트 언덕을 지나고 웨인 스톤스(Wain Stones)와 그로스몬트(Grosmont)를 지나면서 황무지를 건너면 잉글랜드 동쪽에 노스 요크셔(North Yorkshire) 해안에 도착한다. 그리고 해안선을 따라 조금 내려와 로빈 후드 베이(Robin Hoods Bay) 마을에서 끝이 난다. 이는 309킬로미터의 긴 여정이다.

트레킹 코스의 풍광은 해안가의 절벽, 높은 산과 깊게 깎인 계곡, 푸른 언덕과 맑은 호수 그리고 길을 따라 띄엄띄엄 마을과 마을이 연결되는 모습이다. 더욱 매력적인 것은 그 길 위에 켈트 문화와 게르만 문화의 전통이 남아 있다. 길을 걷다 보면 영국의 순수한 자연과 옛 모습을 만날 수 있다.

## 16. 포터

# *Beatrix Potter*

### 아직도 피터 래빗이 살고 있는 정원

세계적인 동화 작가 베아트릭스 포터는 잉글랜드 북서부 컴브리아(Cumbria) 주의 니어 사우리(Near Sawrey) 마을에 살았다. 이 마을은 윈더미어(Windermere) 서쪽으로 레이크 디스트릭트 중심부에 위치한다. 이곳은 오랜 세월에 걸쳐 조성된 농경지와 17세기에 지어진 집들로 목가적인 풍경이 펼쳐지는 곳이다. 그녀는 1905년 첫 번째 동화책인 〈피터 래빗 이야기〉의 판매 수익금으로 힐 탑(Hill Top) 농장을 구입하였다. 현재 그녀가 살았던 집과 주변 지역은 영국의 내셔널 트러스트가 소유하고 있다.

　　베아트릭스 포터(Beatrix Potter, 1866~1943)는 아동 문학 작가, 일러스트 작가이자 환경 보호에 앞장선 환경 운동가이다. 그녀는 런던에서 상류층 가정의 외동딸로 태어났다. 베아트릭스는 당시의 사회적 분위기에 따라 집에서 가정교사에게 교육을 받았으며 동물이나 곤충을 키우고 스케치하기를 좋아하였다.

　　그녀의 가족은 여름마다 런던을 떠나 전원 지역에서 휴가를 보냈다. 어느 해, 그들은 스코틀랜드로 휴가를 떠났고, 베아트릭스는 자신이 키우던 '피터'라는 이름의 토끼를 데리고 간다. 그녀는 휴가 중에 가정교사의 어린 아들이 아프다는 소식을 듣고, 그 아이를 위해 피터 이야기를 그림으로 그려 편지를 보낸다. 그리고 그 해 편지에 있던 토끼 그림이 카드회사에 팔려 크리스마스카드로 제작되었다. 이를 계기로 베아트릭스는 그림 동화책을 출판하기로 한다.

　　하지만, 당시 남성 중심의 사회에서 그녀의 동화책은 출판사로부터 수없이 거절당한다. 그러던 중, 1902년에 프레드릭 워네(Frederick Warne and Co.) 출판사에서 펜과 잉크로 그린 삽화를 채색하는 조건으로 〈피터 래빗 이야기(The Tale of Peter Rabbit)〉가 출판되었다.

　　1905년, 베아트릭스는 런던을 떠나 어린 시절 휴가를 보냈던 레이크 디스트릭트 지역에 힐 탑 농장(Hill Top farm)으로 이사하였다. 그 후, 그녀는 티기 윙클 부인(고슴도치), 벤저민 버니(토끼), 제미마 퍼들덕(오리), 제레미 피셔(개구리), 톰 키튼(고양이) 등 동물 캐릭터들의 유머러스하고 생동감 넘치는 이야기로 28권의 그림 동화책을 만들었다. 이들은 숲과 들판 그리고 정원에 살고 있었다.

이러한 이야기 속 배경은 힐 탑 농장이었다. 그녀는 이곳에서 책을 쓰며 농사를 짓고 양을 키웠다. 특히, 허드윅 면양을 가장 잘 키워 지역 협회 최초의 여성 회장이 되기도 한다. 하지만 시간이 흐르면서 주변 언덕과 목장이 개발이라는 명목으로 무분별하게 파괴되는 것을 보게 된다. 이를 가슴 아프게 생각한 그녀는 사라지는 풍광을 보존하기로 결심한다. 그녀는 책을 출판하여 생긴 수입으로 주변에 많은 주택과 대규모 농장을 구입하기 시작하였다.

　그리고 1943년 77세의 나이로 세상을 떠날 때, 그녀는 이지역의 14개의 농장과 힐 탑 농장을 환경보호단체인 내셔널 트러스트에 기증하였다. 그 면적은 16.5 제곱킬로미터(약530만 평)로 여의도 면적의 5배가 넘으며 이 지역에 있는 내셔널 트러스트 면적의 거의 30%에 달한다. 이러한 그녀의 노력 덕분에 내셔널트러스트는 세계적인 환경운동의 중심이 되었다.

나는 윈더미어 마을에 숙소가 있으니 힐 탑으로 가는 방법은 두 가지이다. 하나는 배를 타고 윈더미어 호수를 건너가는 것이고, 다른 하나는 윈더미어 호수의 호안을 따라 자동차로 가는 것이다. 둘 다 매력적이지만, 나는 후자를 택했다. 가는 길에 언덕에 펼쳐진 풀밭과 양들, 길가에 있는 작은 마을, 그 안에 담긴 코티지 그리고 길을 안내하는 오래된 돌담들이 있다. 나는 레이크 디스트릭트에 펼쳐지는 그 풍광을 즐기고 싶었다.

도착하니 방문자들은 우선 마을 입구 주차장에 있는 티켓 부스에서 예약을 확인한다. 그리고 안내원과 함께 힐 탑으로 향한다. 요즘 관광지에서는 방문자들이 수용 가능한 정도를 넘어서기 때문에 인원을 제안하고 있다. 이곳도 15명 정도의 인원이 30분에 한 팀씩 힐 탑을 둘러볼 수 있게 하였다. 입구는 예전에 베아트릭스가 드나들던 쪽 문이 아니었다. 정원사가 살던 집을 개조하여 기념품 가게를 만들었고 그 쪽으로 들어간다.

우선 코티지로 향하는 길은 양쪽에 긴 화단이 있다. 화단에 삽화가 그려진 팻말이 꽂혀 있다. 이 길은 그녀의 동화책 〈아기 고양이 톰 이야기〉에 나온다. 엄마 고양이가 장난꾸러기 아기 고양이 세 마리를 데리고 집으로 가던 길이다. 멀리 베아트릭스의 코티지도 함께 그렸다. 지금도 코티지는 동화책의 삽화처럼 소박한 농가 모습이다. 나는 마치 그녀의 동화책 속으로 걸어 들어가고 있는 기분이다.

오른쪽으로 길가에서 보았던 흰색 페인트칠을 한 쪽문이 있다. 이 쪽문은 〈피터 래빗 이야기〉에 그려졌다. 이 동화는 피터라는 토끼가 맥그래거 아저씨네 텃밭에 들어갔다가 혼쭐이 나는 이야기이다. 피터는 쪽문 아래로 쏙 빠져 아저씨네 정원으로 들어갔다가 들켜 도망 나오면서 푸른색 재킷을 잃어버린다. 아저씨는 피터의 재킷을 텃밭 허수아비한테 입힌다. 가끔 영국 텃밭에 있는 허수아비가 푸른 재킷을 걸친 것을 볼 수 있다. 이는 텃밭 주인이 어릴 적 읽었던 피터의 재킷에서 나온 것이다.

그리고 좀 더 들어가면 코티지 앞에 텃밭이 있다. 첫 번째 방문은 10월 중순이었고 텃밭은 이미 부분적으로 정리되어 있었다. 아직 남아 있는 주홍색 호박이 늦가을 햇살에 반짝인다. 얼마 남지 않은 핼러윈 데이를 기다리고 있는 듯하다. 거기에 잎과 잎맥이 붉은색인 적근대가 텃밭에 색감을 더한다. 그리고 〈피터 래빗 이야기〉에 나오는 물뿌리개, 나무로 만든 수레가 나를 다시 동화책 속으로 끌어 들인다.

텃밭은 담으로 둘러싸여 있고 중간에 있는 작은 문을 나서면 과일나무가 드문드문 서있는 과수원이다. 그 한 가운데 커다란 사과나무가 있다. 내셔널 트러스트의 선임 정원사인 피트는 '이 사과나무는 베아트릭스가 심었으며 아직도 사과가 잘 열리고 있습니다. 겨우 내, 검은머리지빠귀가 먹고 더러는 내가 애플 크럼블을 만들어 먹기도 합니다.'라고 팻말을 꽂아 놓았다. 그루터기에 이끼 덮인 오래된 사과나무가 더욱 멋져 보이는 것은 정원사가 만든 맛있는 크럼블이 상상되기 때문인지 모르겠다.

베아트릭스는 이곳으로 이사 오면서 정원을 가꾸기 시작하였다. 더구나 들판에 핀 야생화는 그녀의 감성을 자극하였고 차례로 그녀의 정원으로 들어왔다. 그리고 대부분의 식물은 호수 건너편에 있는 윈더미어 마을의 묘목장에서 사 왔다. 그 당시에도 힐 탑이 있는 니어 사우리 마을에서 호수 반대편 마을로 가는 증기선이 있어 쉽게 오갈 수 있었다. 그런데 어느 날, 베아트릭스는 친구에게 보낸 편지에 그녀의 식물 획득 전략 중, 하나를 고백하였다.

"새터스웨이트 부인이 그러는데 훔친 식물도 잘 자란데.
어제 난 '정직' 중에 일부를 빼서, 태워 버릴 쓰레기 더미에 넣었지!
난 이 마을 거의 모든 정원에서 무언가를 가져 왔단다."

"Mrs Satterthwaite says stolen plants always grow, I stole some 'honesty' yesterday, it was put to be burnt in a heap of refuse! I have had something out of nearly every garden in the village."

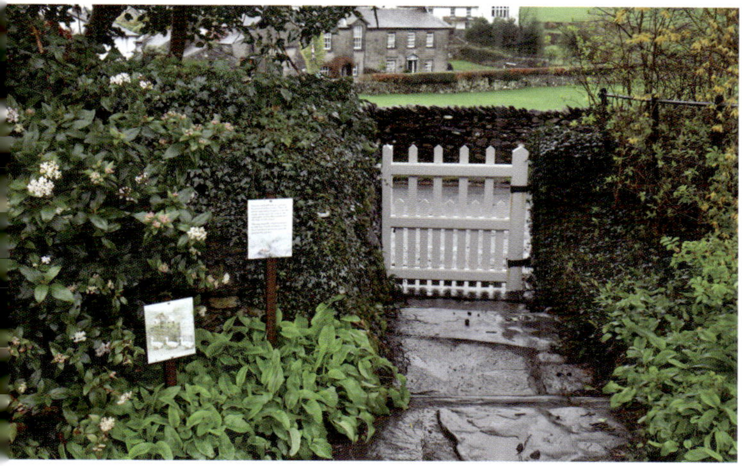

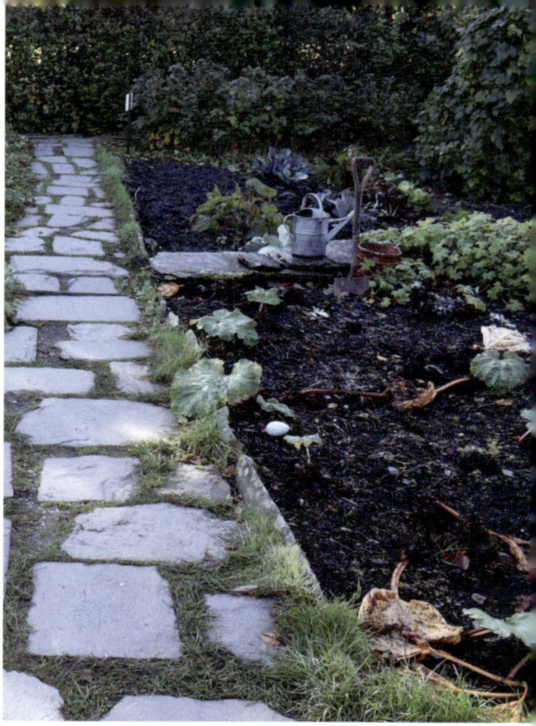

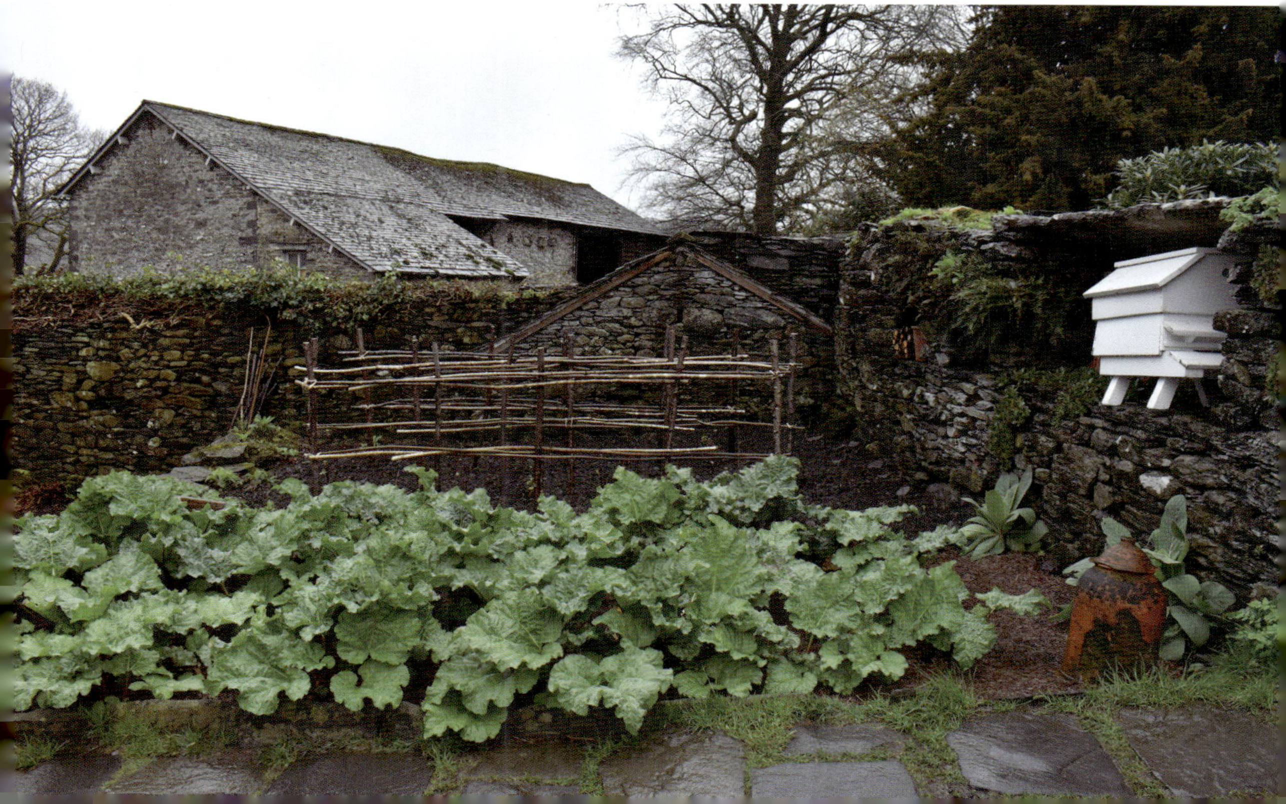

지금도 그녀의 정원에는 매발톱꽃, 디기탈리스, 참바위취, 캄파뉼라 등이 그녀의 독자들을 맞이하고 있다. 빅토리아 시대에 코티지 정원에서 볼 수 있는 정겨운 식물들이다. 두 번째 방문한 4월 말, 궂은 날씨에도 자원 봉사하는 부부가 화단에서 그녀가 심었던 식물들을 갈무리하고 있었다.

### Hill Top

Address : Near Sawrey, Ambleside LA22 0LF UK
H-Page : http://www.nationaltrust.org.uk/hill-top/

## 17. 워즈워스

# *William Wordsworth*

### 헬렌이 지키고 있는 수선화 언덕

영국의 낭만파 시인 윌리엄 워즈워스가 살던 곳은 잉글랜드 북서부에 있는 컴브리아의 뤼달(Rydal) 마을이다. 이곳은 레이크 디스트릭트 국립공원(Lake District National Park)의 남부에 위치하며 맨체스터에서 150킬로미터 정도 북쪽에 있다. 뤼달 마을은 앰블사이드(Ambleside)와 그라스미어(Grasmere) 사이의 도로를 따라 집들이 몇 채 있는 작은 마을이다. 서쪽으로 길게 뤼달 워터(Rydal Water) 호수를 끼고 있으며 언덕에 오르면 멀리 윈더미어(Windermere) 호수가 내려다보인다.

윌리엄 워즈워스(William Wordsworth, 1770~1850)는 1770년 레이크 디스트릭트 지역의 작은 마을, 코커머스(Cockermouth)에서 다섯 형제 중 둘째 아들로 태어났다. 그는 여덟 살에 어머니가 돌아 가셨고 열세 살에 법률가였던 아버지 또한 세상을 떠났다. 형제들은 뿔뿔이 흩어져 친척집에 맡겨졌다. 그는 큰아버지의 도움으로 케임브리지 대학의 세인트 존스 칼리지에 입학한다. 하지만 윌리엄은 학업보다 선배 시인들의 시와 이탈리아어에 더 관심이 많았다. 1790년 그는 친구와 함께 스위스, 알프스 산맥 그리고 이탈리아로 여행을 떠났다. 이 여행은 그에게 깊은 인상을 남겼다.

그리고 1799년 워즈워스는 평생의 동반자였던 여동생 도로시(Dorothy Wordsworth)와 함께 그라스미어에 있는 도브 코티지(Dove Cottage)로 이사한다. 1802년 그는 여동생의 친구인 메리 허친슨과 결혼했고 이 집에서 세 자녀를 낳았다. 평범한 삶이었지만 그는 이곳에 사는 동안 '무지개' '수선화' '초원의 빛' 등 주옥같은 시들을 탄생시켰다.

워즈워스는 1843년, 일흔이 넘은 나이에 계관시인이 된다. 계관시인은 17세기부터 영국 왕실에서 국가적으로 뛰어난 시인을 이르는 명예로운 호칭이다. 이 호칭은 고대 그리스 로마 시대에 시인이나 영웅을 표창할 때, 명예의 상징으로 머리에 월계관을 씌워준 데서 유래한다.

그리고 그는 1813년부터 80세의 나이로 세상을 떠날 때까지 37년 동안 뤼달 마운트(Rydal Mount)에서 살았다. 계관시인이었던 워즈워스의 무덤은 당연히 런던에 있는 웨스트민스터사원에 안장될 수 있으나 여동생 도로시의 요청으로 워즈워스는 그라스미어에 가족들이 묻혀 있는 세인트 오스왈드 교회(St Oswald's church)에 안장되었다.

우선 나는 도브 코티지와 워즈워스 수선화 정원(Wordsworth Daffodil Garden)이 있는 그라스미어 마을로 향했다. 호숫가를 따라가는 길에. 양쪽으로 광활하게 레이크 디스트릭트의 풍광이 펼쳐진다. 푸른 하늘에 4월의 햇살이 내려앉는다. 조금 지나니 멀리 하얀 구름이 밀려온다. 구름은 이리저리 움직이면서 초원에 초록의 진한 그림자를 내리운다. 채도를 달리하는 구름의 그림자가 너른 들판에 멋진 그림을 그리고 있다. 그리고 어느새 먹구름이 되어 굵은 빗방울이 후드득후드득 떨어진다. 역시 예측할 수 없는 변화무쌍한 영국의 날씨이다.

도브 코티지는 마을 초입에 있는 큰길에서 살짝 물러난 곳이다. 나는 미리 예약해 놓은지라, 입장권을 파는 워즈워스 박물관(Wordsworth Museum)으로 갔다. 박물관은 2020년 기존 박물관과 상점을 개축하였다. 건물은 슬레이트를 차곡차곡 쌓은 돌집으로 단아한 모습이다. 이곳에 워즈워스가 손으로 쓴 원고, 편지 및 개인 물품이 전시 되어 있다. 그리고 방문객들은 해설사의 안내로 박물관 바로 옆에 있는 도브 코티지로 이동하였다. 투어 일행은 먼저 집의 뒤편에 창고 자리였던 것 같은 공간으로 안내된다. 이곳은 동영상을 볼 수 있는 영상실이 되었다. 한 살 차이인 여동생 도로시와 윌리엄이 이곳으로 이사 오기까지의 이야기로 만든 짧은 영화를 볼 수 있다.

도브 코티지는 17세기 초에 'Dove and Olive Bough'라는 여관으로 지어졌다고 한다. 여관이 폐업하고 몇 년 동안 빈집으로 있던 곳을 워즈워스 부부와 여동생 도로시가 살림집으로 개조하여 살게 되었다. 코티지는 이층 구조이며 슬레이트 지붕 아래 석회암으로 지어졌고 외벽을 하얗게 칠했다. 집은 작고 소박하다. 1층 바닥은 얇은 돌을 깔았고 위층 바닥은 목재 널빤지이다. 살살 걸어도 발밑에서 삐걱거리는 소리가 난다. 마치 오래된 집이니 조심하라고 주의를 주는 듯하다.

각 방에는 벽난로가 있고 책상 위에 LED양초가 놓여 있다. LED양초가 아이러니하지만 당시 분위기를 적절히 표현해 준다. 그리고 그의 가족이 사용했던 가구, 책, 식기 등 살림살이를 그대로 보존해 놓았다.

코티지 내부를 조심스럽게 둘러본 후, 나는 집 뒤편에 있는 정원으로 나갔다. 경사진 언덕에 펼쳐진 화려하지 않은 단아한 정원이다. 언덕 위쪽에 작은 쉼터가 보인다. 통나무로 간단하게 만들었다. 윌리엄과 도로시는 이곳을 '이끼 오두막'이라고 불렀고 특히, 도로시는 '굴뚝새의 둥지처럼 이끼가 낀 작은 오두막'이라고 묘사했다. 그곳에 앉으니 아랫마을의 지붕과 먼 산이 어우러지는 전망이다. 큰 나뭇가지 사이로 간간히 윈더미어 호수의 물빛이 반짝인다.

10월 말, 코티지 창 앞에 아직 분홍꽃이 수줍게 피어 있다. 조금 추운 듯 사르르 떨고 있는 모습이다. 어쩐지 늘 오빠 곁을 지켜주었던 여동생 도로시를 생각나게 한다. 이 꽃의 이름은 서리를 기다리는 꽃이라 하여 대상화 또는 가을을 밝히는 꽃이라 하여 추명국이라 한다. 하지만 국화가 아닌 미나리아재비과의 아네모네 종류이다. 그리고 우리말, 가을바람꽃이란 이름도 있다. 가녀린 줄기와 가을 바람에 하늘거리는 모습이 우리말, 가을바람꽃이 제격인 듯하다.

나는 도브 코티지를 나와 그라스미어 중심

부에 있는 '워즈워스 수선화 정원'으로 갔다. 크지 않은 정원인데 다양한 종류의 수많은 수선화가 깔려 있다. 이 정원은 2003년 지역 사회 프로젝트로 만들어졌다고 한다. 지역 사회 활동가들은 약 10,000그루의 수선화 구근을 심어 그를 추모하였다. 정원의 오솔 길은 기부자들의 이름이 하나하나 새겨진 돌로 포장되어 있다. 이 정원 바로 옆이 세 인트 오스왈드 교회이며 이곳에 워즈워스 가 잠들어 있다.

　다음날, 나는 도브 코티지에서 3~4킬로미터 남쪽에 있는 작은 마을, 뤼달에 있는 그의 집, 뤼달 마운트(Rydal Mount)로 갔다. 이름처럼 마을 북쪽 언덕에 위치한다. 이곳은 여러 소유주를 거쳐 1969년 윌리엄의 증손녀인 메리 헨더슨이 인수하여 워즈워스 가문의 소유가 되었다. 그리고 1970년부터 일반에게 공개하였으며 현재는 작가의 집 박물관(Writer's home museum)으로 운영되어 작가들을 위한 다양한 행사가 이루어지고 있다.

　뤼달 마운트의 정원은 워즈워스가 디자인한 그대로 남아 있다고 한다. 그는 열정적인 정원사였으며 6천평이 넘는 정원을 직접 조성하였다고 한다. 정원은 주택이 있는 곳에서 언덕을 따라 내려간다. 언덕을 따라 작은 개울이 흐르고 내려오는 길 끝에 아주 작은 집이 있다. 슬레이트 지붕에 이끼가 두툼하게 끼었다. 물소리와 바람 소리가 들리는 고즈넉한 곳이다. 워즈워스는 이곳을 '글쓰는 오두막'이라 불렀다. 그는 집 안에 있는 그의 작업실보다 더 많은 시간을 이곳에서 보냈다고 한다.

　그리고 그는 경사진 언덕에 평편한 단을 만들어 잔디밭과 테라스를 조성하였다. 잔디밭 끝에 있는 테라스는 뤼달 호수를 향하고 있다. 테라스의 바닥은 자연스러운 돌로 조금 거칠게 포장되어 있으며 그 위에 긴 의자가 호수를 바라보며 놓여 있다. 그리고 그 앞으로 이끼 낀 나지막한 담장이 반원을 그리며 둘러진다. 긴 의자에 앉으니 나뭇가지 사이로 호수 넘어 먼 산까지 보인다. 아무 생각 없이 오랫동안 앉아 있고 싶다. 아마 워즈워스도 많은 시간 이 의자에 앉아 있었을 것 같다.

　정원을 둘러 보다 멀리 키가 크고 건장한 여인이 보인다. 정원사임이 분명하다. 나는 다가가 그녀에게 몇 마디 질문을 해도 되냐고 물었다. 그녀는 대답 대신 나에게 수선화가 피어 있는 언덕에 앉을 자리부터 내어 준다. 그리고 가지치기를 하고 있던 젊은 정원사도 함께 하자며 부른다. 역시 그녀는 뤼달 마운트의 수석 정원사 헬렌 그린(Helen Green)이었다. 나는 그녀에게 뤼달 마운트 정원에 대해 이야기를 부탁하니 거침없이 쏟아낸다.

봄에는 매력적인 꽃들이 줄을 잇습니다. 앙증맞은 크로커스와 스노드롭부터 햇살 가득 담아내는 수선화와 푸른 꽃 블루벨까지 피어납니다. 그리고 그 위로 진달래, 철쭉, 동백나무가 풍성하게 꽃을 피워 이른 계절을 장식합니다.

늦은 봄에는 다양한 초본류가 화려하게 화단을 장식하기 시작합니다. 연한 보라색의 알리움과 개박하가 꽃을 피우며 올라오고 보라색 투구꽃에 이어서 시원스러운 잎을 자랑하는 붓꽃들이 그 뒤를 잇습니다. 하얀 꽃 둥굴레는 나직이 주변을 밝히고 무더기로 피는 분홍 꽃의 제라늄은 화단을 넘나듭니다. 그리고 이 꽃들을 더욱 아름답게 만드는 것은 관중의 싱그럽고 무성한 잎사귀이지요.

늦여름에는 수국, 붓들레아 그리고 붉은 꽃이 조롱조롱 매달리는 후쿠시아가 장관입니다. 가을이 오며 일본단풍나무의 붉은 잎이 정원을 화사하게 만들고 향기로운 흰색 꽃이 만발한 유클리피아가 정원을 환하게 해줄 차례입니다.

겨울에도 또 다른 매력이 있습니다. 벌거벗은 나무들은 가지 사이로 넓은 시야를 제공합니다. 멀리 눈 덮인 언덕과 뤼달 워터 호수의 반짝이는 수면을 더 넓게 볼 수 있기 때문입니다.

그녀의 상세한 설명은 그녀가 이 정원을 그리고 워즈워스를 얼마나 아끼고 있는지 느낄 수 있었다. 나는 고맙다는 작별 인사를 하면서 그녀에게 말했다.

'당신이 정원의 1년을 너무 상세히 설명해 주어 마치 1년이 훌쩍 흘러간 것 같네요. 그렇다면, 지금 헬렌 때문에 나 한 살 더 먹은 건가요?'

헬렌은 호탕하게 웃으며 나를 와락 껴안는다. 나는 수석 정원사의 튼튼한 두 팔에서 감미로운 전율이 느껴졌다.

## Dove Cottage

Address : Town End, Grasmere, Ambleside LA22 9PP, UK
H-Page : http://wordsworth.org.uk/

## Rydal Mount

Address : 1 Rydal Mount, Rydal, Ambleside LA22 9LU, UK
H-Page : http://www.rydalmount.co.uk/

## 끝내며....

나는 유럽으로 여행을 가면 즐겨 가든 센터를 들른다. 필요한 물건을 찾기보다는 그냥 구경하러 간다. 제법 큰 가든 센터에는 까페테리어가 있어 점심을 해결하기도 좋다. 어느 날, 매장에서 재미있는 글이 쓰여 있는 머그잔을 발견했다. 유명한 사람의 명언은 아니었다. 아마 정원 가꾸기가 취미인 사람들 사이에서 말로 전해 내려오던지, 아니면 누구나 아는 당연한 이야기인지 모르겠다.

Gardening is cheaper than therapy,
and you get tomatoes.
– Unknown –

정원을 가꾸는 비용은 치료비보다 싸다,
게다가 당신은 토마토를 얻게 된다.

맞는 이야기이다. 정원 가꾸기는 흙을 만지며 땀을 흘리니 육체적 건강에 도움이 되고, 새싹들의 활기와 성장을 함께 하니 정신적 건강에 도움이 될 것이다. 그리고 치료비보다 싸진다니, 기억나는 이야기가 있다.

지난해 가든 디자인 스쿨의 수강생 중에 꽃을 무척 좋아하는 이가 있었다. 그녀는 양평에 주말농장을 갖고 있는데, 채소보다는 꽃을 원 없이 심고 있었다. 언젠가 그녀는 한꺼번에 알리움 70~80개를 심기도 하였단다. 지금은 구근 가격이 많이 내렸지만 수입 초기에는 가격이 만만치 않았다. 봄이 되어 그녀는 화단을 정리하고 있다고 연락이 왔다. 나는 조금 도와주러 그녀의 정원에 갔다. 마침, 남편도 삽을 들고 나섰다. 나는 우스개로 남편에게 물었다.

'부인이 해마다 많은 돈을 화단에 심는다면서요?'
'뭘요? 이상한 명품 가방 사는 것보다 훨씬 싸죠! 하. 하.
그리고 꽃은 예쁘지 않습니까.!'

그는 크게 웃으며 명쾌하게 대답한다. 그런데 작가나 화가들이 정원을 사랑한 이유와 그의 대답에는 공통점이 있다. 그것은 '아름다움'이다. 정원은 그들이 추구하는 아름다움을 담아내고, 그들은 그 아름다움을 위하여 정원을 가꾸고 있었다. 그리고 그들은 정원에서 토마토를 수확하고 덤으로 건강을 선물 받고 있었다.

## 문현주

정원 디자이너이며 정원 작가이다. 서울에서 태어나 서울대학교 조경학과에서 부전공을 하였다. 졸업 후, 독일 Uni. Stuttgart에서 공부하고 독일 PLP 환경 디자인 사무소에서 일하였다. 귀국 후, 조경 설계 사무소 〈오브제 프랜〉을 운영하면서 서울여자대학교에서 정원 설계 및 역사를 강의하였고 한양대학교에서 조경 설계를 가르치며 겸임교수로 있었다. 유럽에서 오래 살았던 경험으로 우리나라에 다양한 모습의 유럽 정원과 그들의 정원 문화를 알리려 하고 있다.

– 문현주와 함께하는 –
### 7단계 정원 디자인

1 단계 | 정원의 용도를 생각하자
2 단계 | 정원의 유형을 선택하자
3 단계 | 부지의 조건을 조사하자
4 단계 | 땅 가름을 시작하자
5 단계 | 필요한 구조물을 계획하자
6 단계 | 정원수를 디자인하자
7 단계 | 시설물로 장식하자

– 문현주와 함께하는 –
### 7단계 화단 디자인

1 단계 | 식물을 이해하자
2 단계 | 화단 스타일을 선택하자
3 단계 | 화단의 토양과 빛의 강도를 조사하자
4 단계 | 꽃의 색, 개화 시기 및 기간을 고려하자
5 단계 | 잎의 색과 질감을 고려하자
6 단계 | 식물의 형태와 높이를 예측하자
7 단계 | 화단을 디자인하자

## 유럽의 주택 정원 1, 2, 3

글 **문현주**, 사진 **서이수**

독일, 프랑스 그리고 영국의 오픈 가든을 방문하여 유럽의 주택 정원을 소개하였다. 그리고 1권에서 간략한 유럽의 정원 역사와 오픈 가든의 기원을 다루고 2권에서 프랑스의 정원 정책과 정원 문화를 소개하며 3권에서 영국의 ngs(전국정원연합)와 RHS(왕립원예협회)의 역할과 활동을 소개한다.

– 안달루시아, 코츠월즈 & 프로방스 –
## 유럽의 작은 마을 이야기

글 **문현주**, 사진 **서이수**

작은 마을들은 영국 코츠월즈 지역에 있는 6곳과 프랑스 프로방스에 있는 6곳 그리고 스페인 안달루시아 지방의 5곳이며 대부분 오래된 마을이다. 그곳에 그들의 전통과 문화를 지키고 있는 사람들이 있다.

– 오랜 역사를 담아... 전통을 만들고 있는 그곳, –
## 유럽의 역사 정원 이야기

글·사진 **문현주**

유럽 정원의 전통을 만들어 낸 역사 정원들을 둘러본다. 이탈리아, 프랑스, 영국 그리고 스페인의 대표적인 역사 정원들을 방문하여 그들이 만들어 나가고 있는 정원의 전통과 정원 문화를 이야기하고 있다.

# 예술가의 정원 이야기 (개정판)
작가, 화가, 디자이너……그들이 거닐던 그곳.

초판 1쇄 발행  2019년 8월 8일
개정판 1쇄 발행 2024년 8월 30일

지은이 | 문현주
펴낸이 | 서이수
펴낸곳 | Atelier Isu
편집디자인 | 백연옥
인쇄 | (주)아트가인쇄

출판등록 | 제2014-000010 호
주소 | 경기도 양평군 양서면 신원1길 221
전화 | 070.7773.4190 / 010.6456.2444
팩스 | 02.6008.7089
이메일 | atelierisu@naver.com

ⓒ 문현주, 2024

ISBN 979-11-954329-5-0